LE

PROCÉDÉ HISTORIQUE

DE

M. Fl. LEFILS

A PROPOS

DES HISTOIRES DE RUE ET DU CROTOY ;

REMARQUES

PAR

E. PRAROND

Suum cuique.

ABBEVILLE
IMPRIMERIE P. BRIEZ, RUE DE L'HOTEL-DE-VILLE, 28

1861.

PRÉFACE

Suum cuique.

M. Lefils n'a pas compris l'extrême indulgence de la réclamation consignée (1),

---

(1) Sous le titre nouveau : LE CANTON DE RUE, *histoire de seize communes*. L'histoire du Crotoy de M. Lefils avait paru aux environs du mois d'août ; je me hâtai d'interrompre la publication des NOTICES SUR SAINT-RIQUIER ET LES CANTONS VOISINS dans le *Pilote de la Somme*, et j'écrivis l'avertissement dont il s'agit en tête du canton de Rue. Je ne comptais pas pousser la réclamation plus loin ; la confiance qu'affecte M. Lefils en sa cause vient de me faire rechercher avec une certaine attention les indices ou preuves du procédé suivi par lui dans son histoire de Rue précédemment publiée, et cet examen m'a amené à de si extraordinaires découvertes que j'ai résolu de les noter pour l'édification des érudits à venir et la leçon des écrivains qui voudraient suivre la même voie.

Voici, d'ailleurs, quel était mon avertissement au canton de Rue :

« Les livres quels qu'ils soient, de si minime autorité que l'auteur lui-même les estime, s'adressent toujours un peu à la postérité ; voilà pourquoi il est parfois important de fixer la date des publications.

« Depuis que les humbles notices réunies sous la couverture de ce volume ont vu le jour, quelques travaux historiques sur le canton de Rue ont été édités. L'*Histoire du Crotoy* de M. Lefils, il y a quelques mois, en tête d'une nouvelle exhibition du tome II de mes NOTICES SUR L'ARRONDISSEMENT ; il a protesté par un livrée au public ces jours derniers, appelle particulièrement une nouvelle *exhibition* du tome second des NOTICES SUR L'ARRONDISSEMENT D'ABBEVILLE.

« Beaucoup d'inadvertances, — les lecteurs apprécieront cet euphémisme, — sont en effet à relever dans le livre de M. Lefils. Désirant abandonner mes propres travaux à la critique future, je ne veux signaler qu'un petit nombre de ces inadvertances.

« L'auteur de l'*Histoire du Crotoy* cite parfois les notes de M. L. Traullé, *extraites des comptes de la ville* (sic), sans dire où se trouvent ces notes. En possède-t-il quelque manuscrit ? L'éclaircissement du point importerait à la notice que je prépare (*Hist. litt. d'Abbeville*) sur les travaux du savant procureur du roi. Je ne sache pas jusqu'ici que les matériaux historiques du magistrat soient sortis de ses mains en double ou en triple ; or, M. A. Leclerc, son neveu, ne les a partagés, après la mort de M. F. Traullé, qu'à M. de Marsy — aujourd'hui procureur impérial à Compiègne — et à moi. Ce qui est certain c'est que les extraits cités dans l'*Histoire du Crotoy*, l'ont déjà été dans les NOTICES SUR L'ARRONDISSEMENT (1).

« La liste entière des gouverneurs du Crotoy, dressée à grande peine par nous, est textuellement et avec les mêmes lacunes et les mêmes dates dans le livre de M. Lefils et dans celui que je présente de nouveau au public. Je tiens à rappeler ainsi que cette liste, incomplète d'ailleurs et difficilement établie, avait été donnée par moi avant la publication du livre de M. Lefils.

« M. Lefils a coupé dans le volume des NOTICES SUR L'ARRONDISSEMENT les pages 137, 138, 139, 140 et 141, pour en composer la note première de son appendice. Rien de mieux, mais je dois

---

(1) Il est superflu d'expliquer que je ne parle pas des notes publiées par M. Traullé dans son *Abrégé des Annales du Commerce de mer d'Abbeville*.

avertissement qu'il envoie aux souscripteurs d'une histoire de Montreuil-sur-Mer et qui doit être joint à la préface de cette

relever la distraction qui a fait oublier à M. Lefils d'indiquer au moins le chiffre des pages et le titre du livre mis à contribution par lui. M. Lefils nomme pour cet emprunt,—et d'après moi et aux mêmes places, — les *Archives de la Société d'Émulation;* mais ces archives, faut-il donc le lui dire ? ne m'ont pas donné textuellement, d'un bout à l'autre, ces pages qu'il enlève avec un sans façon si dégagé. Il m'a fallu choisir, discuter, mettre en présence plusieurs mémoires, résumer les parties trop longues, extraire les parties les plus saillantes, établir une sorte de récit sur les dates successives de ces mémoires. Ce n'est que par un travail de rapprochement, de combinaison, d'abréviation et de critique que j'ai construit ces pages transportées intactes dans l'*Histoire du Crotoy.*

« Il ne m'appartient certainement pas de relever dans le livre de M. Lefils les citations de Dom Grenier déjà avancées par moi. Dom Grenier est ouvert à tout le monde, mais je puis, par cette nouvelle publication de mon livre, rappeler au public que déjà, en 1856, j'avais eu le tout modeste, mais patient mérite de choisir dans la grande collection des Bénédictins, puis d'ordonner et de compléter les unes par les autres, ou par des renseignements du dehors, un très-grand nombre d'indications, qui, sinon toutes, beaucoup du moins, se trouvent heureusement dans le livre de M. Lefils.

« Le plaisir m'a été permis de saluer plus particulièrement en vieilles connaissances dans l'*Histoire du Crotoy* quelques extraits qui me remettaient en mémoire, avec un grand scrupule typographique, certaines fautes échappées aussi à mon livre et que je me propose de corriger un jour dans un *erratum* général.

« On le voit, je ne combats que pour une date, mais cette date représente pour moi l'honneur de plusieurs années de travail.

« *Août* 1860. »

Et, dans une note, je reconnaissais le mérite des chapitres de M. Lefils sur la Somme, la navigation, les projets de canalisation et de port.

histoire (1). M. Lefils appelle de ma modération au public. Je prends donc loyalement le public pour juge. Je vais lui soumettre une cause qui n'est pas seulement la mienne. Il y a des cas où une plume devient une arme de légitime protection des intérêts (j'entends surtout des intérêts

(1) Voici l'avertissement de M. Lefils :

« Depuis que j'ai publié ce volume, une réédition d'une histoire du canton de Rue a paru chez M. Briez, imprimeur à Abbeville. Dans un avertissement placé en tête de l'ouvrage, l'auteur parle de mes publications précédentes en termes peu bienveillants.

« Je n'ai point à répondre à des insinuations dont la lecture de mes histoires de Rue et du Crotoy démontre suffisamment l'erreur. Je sais bien que ces œuvres ne sont point parfaites, mais je crois devoir rappeler que je n'écris point pour briller et encore moins pour faire de la concurrence littéraire ; j'écris pour être utile. Si un autre écrivain me suit dans cette voie, j'y (sic) applaudirai, persuadé que cette (sic) nouvelle œuvre, fut-elle calquée sur la mienne, offrira aussi quelque chose de nouveau et que la connaissance de l'histoire locale y gagnera.

« Il me reste donc à remercier mon critique de m'avoir fait remarquer les défauts par où pèchent mes œuvres. Si un jour, le temps et les circonstances me le permettent, je pourrai faire un travail d'ensemble dans lequel je tiendrai compte d'observations qui ont non-seulement provoqué mon étonnement, mais qui m'engagent à travailler davantage et à mieux faire.

« FL. LEFILS.

« Abbeville, 3 décembre 1860. »

Cet avertissement appelle tout de suite quelques observations.

« Je n'ai pas à répondre, dit M. Lefils, à des insinuations dont la lecture de mes histoires de Rue et du Crotoy démontre suffi-

de l'ordre moral), et quel intérêt plus haut que celui de la sincérité historique à maintenir intègre et de la justice à rendre à chacun.

Suum cuique, cet adage, notre principe invoqué en épigraphe, est toute l'autorité et toute la raison d'être de l'examen qui va suivre. Il exprime un droit aussi vrai et plus délicat peut-être en littérature qu'en toute autre matière. La brochure que nous publions aujourd'hui mettra le lecteur en position facile de juger jusqu'à quel point

---

samment l'erreur. » — Je ne procède jamais par insinuations. M. Lefils a dû reconnaître mieux qu'il ne veut se l'avouer une accusation bien nette dans mon avertissement d'août 1860, mais une accusation très-adoucie, il est vrai, ainsi que le démontrera l'opuscule qu'il me condamne à écrire. La démonstration ressortira justement de la lecture, invoquée par lui, de ses histoires de Rue et du Crotoy.

« Si un autre écrivain me suit dans cette voie... » dit encore M. Lefils. — J'espère bien prouver que M. Lefils ne se contente pas de suivre ses devanciers, ce qui pourrait être parfois fort louable, mais qu'il se charge un peu trop volontiers aussi de leur bagage, et tant pis pour les étiquettes qui tombent en route.

Enfin, comment M. Lefils peut-il déclarer qu'il tiendra compte d'observations qui ont provoqué son étonnement et comment ces observations provoquent-elles *non-seulement* son étonnement mais l'engagent-elles à mieux faire ?

nos revendications sont fondées et d'apprécier la méthode de M. Lefils.

Cette méthode peut se réduire à deux points principaux :

1° Emprunts textuels de passages sans indication de la source des emprunts (1);

2° Entrée d'emblée en possession ouverte dans les travaux des écrivains antérieurs de ce qu'ils ont trouvé, élucidé ou fixé, et (sans autre mention) envoi du lecteur aux sources originales que ces prédécesseurs ont indiquées les premiers et que seuls souvent ils ont eues entre les mains (2); allure de rédaction, enfin, qui voudrait

(1) Voyez plus particulièrement pour la vérification du premier point les notes I, VII, XXVII, XXIX, XXXIV, XXXV, XLIV, LV, LVI, LVIII, LIX, LXI, LXIV, LXX, LXXIII, LXXXIX, XCIII, XCIV, XCVI, XCVII, C, CII sur l'histoire de Rue, et les notes III, IV, VII, XIV, XXX, XXVIII, XLI, XLIII sur l'histoire du Crotoy.

(2) Ce dernier procédé, s'il était habilement pratiqué, pourrait dérouter longtemps la critique. La vérification du point eut donc offert quelques difficultés sans les maladresses de M. Lefils. Voyez plus particulièrement pour les preuves les notes VII, XVII, XXIII, XXVI, XXVIII, XXXVII, XXXVIII, XL, XLVIII, LX, LXII, LXIII, LXXII, LXXIX, LXXXI, XCII, XCVIII, XCIX sur l'histoire de Rue, et les notes I, II, XV, XVI, XXV, XXX, XXXIV, XXXVII, XLIII sur l'histoire du Crotoy.

faire croire que le copiste s'est donné lui-même la peine de recourir à ces sources.

Je démontrerai dans l'examen qui suit comment M. Lefils a rigoureusement appliqué cette méthode dans une foule de pages.

Un grand poète n'a pas dédaigné de se faire le champion du droit littéraire, de poursuivre personnellement les contrefaçons de la librairie ou du théâtre en France et à l'étranger; reprocherait-on aux plus humbles archéologues ou historiens de clocher de défendre les étroits cantons qu'eux et leurs confrères se circonscrivent? Je défends ma haie et mon mur, mais je défends en même temps la haie et le mur d'autrui. Qu'on le sache bien; quoique les rapprochements de textes et de citations que je vais établir soient le plus souvent fondées sur la comparaison des livres de M. Lefils et des miens, je parle pour tout le monde. La facilité plus grande que m'offre cette marche côtoyant toujours une rédaction mieux connue est la principale explication du mode en apparence un peu personnel suivi par moi. Mon plus grand bonheur, ai-je besoin de le dire? sera toujours de voir de nouveaux documents s'ajouter à ceux que j'ai pu mettre ou remettre en lumière en leur donnant une juste place (1), mais je n'approuverai jamais en érudition la théorie de Molière; il n'est pas vrai que sur ce terrain de la

(1) Je ne dois pas être suspect dans cette déclaration; dès 1854, n'écrivais-je pas en commençant la publication de mes NOTICES SUR LE CANTON DE RUE (*Pilote de la Somme* du 27 juin 1854): « Nous n'avons pas la prétention d'écrire une histoire complète, mais seulement de disposer en forme de cadre assez vaste une suite de chapitres où les écrivains, nos compatriotes actuels ou futurs, attirés aux mêmes recherches que nous par l'amour du pays natal, pourront trouver les premières indications d'un travail plus riche. Un damier servirait facilement de comparaison matérielle à chacun de ces chapitres; j'ai couvert quelques cases, mais il en reste bien plus encore à remplir. » Je ne me départs pas de la juste modestie qui me faisait écrire ces lignes; je ne m'en départirais même pas comme d'une pauvre banalité quand je retrouverais les expressions mêmes de cette modestie reproduites dans les avertissements de M. Lefils (voyez entr'autres la préface de l'*Histoire de Montreuil*); je ne réclamerai jamais pour les cases vides qu'on remplira, mais j'ai bien le droit de demander qu'on ne bouleverse pas sans quelques égards ou quelques précautions celles où j'ai déjà jeté un peu de mon travail ou du travail soigneusement rappelé de mes devanciers.

science, même dans les plus modestes champs, on retrouve toujours son bien partout sans se soumettre à certaines formalités.

A Dieu ne plaise que j'exagère le mérite des études auxquelles je me livre depuis bientôt douze ans, mais pendant ce long intervalle de temps j'ai suspendu d'autres travaux commencés, et les plus chers, et les plus regrettés, et les plus caressés encore peut-être dans les retraites de mes pensées. Je voue ce dur sacrifice à la publication sage et lente de mes ingrates et bien sèches notices sur des bourgs et des villages; je crois avoir, par cette persévérance et cette prudente lenteur, mérité quelque faible autorité et mérité aussi qu'on traite avec quelque sérieux mon apport patient au trésor historique du pays; mais, hélas! une infortune des mesquins travaux que je poursuis est d'entraîner dans de mesquines querelles. M. Lefils m'a imposé l'ennui, presque le ridicule, de combattre pour ma propre cause. Cet ennui ne doit pas se renouveler ; il faut que, de ma part du moins, l'affaire soit coulée à fond.

Un mot encore. Un homme dérangé dans les travaux qui prennent le meilleur de son temps ou dans les distractions aimées de l'esprit qui sont les repos de la tâche absorbante, tire du tracas même le droit de le tourner au profit de la critique utile et de faire payer quelque peu les minutes de son temps aux fâcheux qui s'en emparent.

Il m'arrivera donc de sortir parfois de l'examen étroit des deux points de la méthode de M. Lefils pour discuter quelques-unes de ses assertions ou relever quelques erreurs, mais les erreurs de M. Lefils viendront encore appuyer indirectement ma thèse sur les deux points que j'attaque.

En parcourant mon *Canton de Rue* en même temps que les histoires de M. Lefils, je relèverai aussi çà et là quelques-unes de mes propres erreurs, car je veux marcher dans une impartialité aussi sévère pour moi que pour M. Lefils, et celles de mes remarques qui retomberont sur moi seront des gains tout faits pour l'*erratum* général que je prépare à mes livres.

Je n'entrerai pas dans de plus grands développements d'exposition aux observations qui vont suivre; j'ai hâte de laisser la parole aux livres de M. Lefils. Je n'attacherai, d'ailleurs, à ses pages que cent ou deux cents remarques; on pourrait bien autrement noircir les marges.

HISTOIRE DE RUE

I

Page 4 : « D'autres auteurs prétendent qu'un comte de Ponthieu fonda cette ville en l'honneur du Saint-Esprit et la nomma Rue, parce que ce mot en hébreu signifie *esprit*. » Pourquoi ne pas dire que cette opinion appartient au P. Ignace, ou du moins que cet historien la recueillit comme tradition locale ? Voyez, pour le rapprochement que j'invoque, mes NOTICES SUR L'ARRONDISSEMENT D'ABBEVILLE, t. II, (ou CANTON DE RUE), p. 18.

II

Page 13 : « à Lannoy, annexe de Rue............
.... En 1845, des terrassements faits pour l'établissement du chemin de grande communication du Crotoy à Auxi-le-Château........ etc. » Tout cela (il faut bien le dire pour le besoin de ma cause) est au long dans mes NOTICES, t. II, p. 119 et 120. M. Lefils cite la *Notice topographique, statistique et historique sur le canton de Rue, manuscrit par M. de Gouy;* je n'ai pas vu le manuscrit de M. de Gouy, mais le titre même que M. Lefils lui donne me fait croire qu'il est postérieur à mes

propres Notices intitulées de la même façon (sauf un mot); je suis d'ailleurs fondé à croire que le ms. de M. de Gouy n'est qu'un recueil de compilations grossies d'extraits même de mes propres Notices (publiées dès 1854, pour ce qui regarde Rue, dans le *Pilote de la Somme*). Il est bien entendu que je n'insiste pas sur ce point vis-à-vis de M. de Gouy, et que j'appelle toutes vérifications.

III

Page 16 : « Les Druides érigeaient des hécatombes. » Qu'est-ce que c'est qu'ériger des hécatombes ? (1)

---

(1) Mais cette remarque rentre dans la question de style. Je m'étonnais, à première vue, de la différence parfois grande entre le style historique de M. Lefils et celui de ses romans sur lesquels seuls mes yeux étaient tombés jusqu'alors ; je ne reconnus qu'hier combien peu de phrases appartiennent en réalité à M. Lefils dans les histoires qu'il publie, et cependant si nous nous livrions à un examen littéraire, que de misères encore à relever si ces misères en valaient la peine !

..... Le peuple était, dit M. Lefils, la chose de son seigneur « qui lui permettait de se marier si bon lui semblait et à qui il appartenait, lui, sa femme et ses enfants, qu'*il* lui était permis de vendre comme le bétail de l'étable. » — *Histoire de Rue, p.* 59. — C'était donc le serf qui avait le droit de vendre sa femme. Nous laissons d'ailleurs la discussion historique.

Et à la page 207 de la même histoire : « malgré que..... »

Plus loin, page 235 : « Le comte de Charolais eut le commandement des troupes qu'on fit marcher contre le roi, et il fut assiégé dans Paris. » Voilà qui est bien singulier ; le comte de Charolais assiégé dans Paris !

Les gens se passeraient bien quelquefois de l'esprit que M. Lefils leur prête : « M. de Pongerville..... rapporte *très-spirituellement* à ce sujet (les fièvres du Marquenterre) une anecdote *curieuse*. Un

IV.

Page 19 : « La forêt de Crécy prêtait beaucoup aux pratiques du druidisme. » Cela est assez probable, mais où M. Lefils l'a-t-il vu ?

V.

Page 21. M. Lefils traduit *Mox ultrum* par Mais-outre ou *Maison outre*. Ce serait ici le lieu d'examiner pour la première fois comment M. Lefils comprend habituellement le latin et comment il l'emploie (1).

VI

Page 25. Bavardages sur les invasions franques.

cultivateur qui habitait les marais et qui venait à Pont-Gerville payer son fermage, disait : Dans trois mois je ne pourrai pas venir, car c'est l'époque où j'aurai les fièvres. » *Hist. de Rue*, p. 327.

Ces remarques ont une raison d'être ici ; il n'est pardonnable qu'aux hommes de grand style, comme M. de Lamartine par exemple, de faire des livres d'histoire avec les livres des écrivains moins bien doués qu'eux, et encore ?

(1) Il est possible que M. Lefils sache les langues du nord qu'il cite quelquefois et même le celtique, mais, à coup sûr, il ne sait pas le latin. Il était si facile de profiter de cette circonstance pour éviter le pédantisme où nous trébuchons quelquefois nous-même !

Cette ignorance du latin apparaît jusque dans la manière dont furent corrigées les citations dans les livres de M. Lefils.

Ainsi au bas de la page 22 de son livre : « *non omettenda meretrix a villaris territoris quod essim viris religioris erat propinquior, eo magis erat civibus offendiculo.* »

Au bas de la page 29 : « *regnum corum cum thesauris et populi adquisivit.* »

Et à la page 95, l'extrait de l'acte pour l'abolition du droit de

VII

Pages 41-43. M. Lefils n'a pas eu grand'peine à trouver l'avis du curé Blier sur *la voie* du prêtre. Voyez CANTON DE RUE, p. 116. — Ses ciseaux ont détaché dans mes NOTICES, p. 114, la seconde note de sa page 43 : « La vie de saint Vulphy a été écrite plusieurs fois..... »

VIII

Page 49 : « Pendant cinquante ans encore, les mêmes lagan : « *Si navis aliunde veniens, et fluctibus maris forte agitata, scopulès, sive arena maris illata*..... etc. »

Et à la page 100 : « *Banenca ipsius dura tantum modo usque ad pontem de Becquerel.*

Histoire du Crotoy, page 85 ou 86 : « *tanquem boni* ... etc. *per facta*.... etc. » Ce ne sont peut-être que fautes d'impression; mais alors pourquoi se lancer dans tant de risques ?

Deux autres livres de M. Lefils, les *Recherches sur la configuration des côtes de la Morinie* et les *Mélanges*, confirmeraient encore cette passion très-malheureuse de M. Lefils pour le latin. Feuilletons quelque peu dans cette seule intention de critique, en laissant de côté toutes les hypothèses de l'auteur. Les *Recherches sur la Morinie* nous donneront rapidement sous le doigt qui tourne les feuillets :

Page 3, note : « *finis erat orbis ora gallique littoris nisi Britannia insula qualibet amplitudine nemen penc orbis mereretur.* »

Page 8, note. Parmi les désignations latines du Pas-de-Calais, M. Lefils fait peser sur dom Grenier la responsabilité de *Fretalis oceanum*.

Page 33. Citation assez longue de Pomponius Mela (en note), où il y aurait bien à dire. En voici le commencement : « *Garumna ex Pyrenæo monte delapsus nisi cum imbre aut solutis nivibus intumuit diu vadosus et vix navigabilis fertur. At ubi obvius oceani*

désastres se renouvelèrent. Rue et son territoire ne représentaient plus que des ruines..... » Où M. Lefils a-t-il trouvé tout cela ?

IX

Page 56 : « Il y avait de ces seigneurs dans tous les villages qui environnaient Rue ; ils entretenaient des sicaires pour exercer des rapines, même sur leurs propres terres : des hommes à figure sinistre parcouraient les campagnes et attaquaient les voyageurs et les

ex œtuantes accessibus adanctus est, usdemque retro remeantibus suas illiusque aquas agit..... »

Page 50 : « *Ad ultimor gallicorum gentium Morinos, ad septentrionem frons littorum respicit.* »

Page 97 : « *Ad portus althœia velocifer pervenit.* » Il s'agit de l'arrivée de saint Wulgan venant d'Angleterre.

Page 106. Qu'est-ce que c'est qu'un pays appelé *Quentovico ?* Quentovico ne peut être qu'un extrait dans lequel M. Lefils n'a pas reconnu un datif ou un ablatif.

Page 107. M. Lefils traduit *ostium mons* par *portes du mont*.

Mais le plus renversant est le latin que fait M. Lefils, et qu'il n'hésite pas quelquefois à placer sous la plume des plus grands poëtes.

Ainsi, page 50, en parlant d'une pointe extrême de la Morinie vers la Grande-Bretagne, M. Lefils assure que Virgile la nommait (sic) *extremi homini*. Il est vrai qu'à la page 165, M. Lefils corrige cette citation par une autre faute : *Extremique hominem Morini*.

Pourquoi M. Lefils appelle-t-il les Britanni les Britannii, page 61 et ailleurs ?

Mais prenons sa carte du littoral de la Morinie à l'époque de l'arrivée des Romains.

J'y lis *sinus Itius;* j'aimerais mieux *sinus Itii*. M. Lefils a trouvé cette alliance dans Malbrancq ; passons donc. Mais un peu plus bas, je rencontre une voie romaine conduisant, suivant M. Lefils,

marchands..... » Où M. Lefils a-t-il encore vu tout cela ? Quand il *n'emprunte* pas (et de quelle manière!) il pêche véritablement par un riche excès d'invention.

X

Page 57 : « Rue fut tour à tour ravagé par les comtes de Ponthieu, de Vermandois, de Flandre, de Paris, et par le duc de Normandie. Ce n'était plus qu'un tas de

au golfe Itius, et M. Lefils écrit *via sinus Itius.* Ah ! pour le coup, *sinus* doit être ici bien décidément un génitif, et rien n'excuse plus *Itius* que l'ignorance de la déclinaison latine.

Je lis encore *Gessoriacum pagus.* N'est-ce pas là un latin bien contestable ? *Gessoriacum* était un lieu qu'on croit Boulogne ; les *pagi*, on le sait, étaient moins des bourgs — comme nous entendons ce mot aujourd'hui — que de petites circonscriptions territoriales datant des temps celtiques et conservées plus tard par la tradition, en dehors, le plus souvent, de toute existence légale. De ce mot *pagus* est venu notre mot *pays*. Il faudrait donc tirer de *Gessoriacum* un adjectif ou écrire *Gessoriaci pagus.* — Un chapitre, page 103, est intitulé aussi : *Gessoriacum tractus.*

Voici maintenant *Novionum* pour Nouvion. J'ai toujours rencontré *Noviomum.* D'ailleurs, M. Lefils tient à *Novionum* qu'il répète à la page 83 de son livre.

Beaucoup plus bas, je trouve cet accord de substantifs pour désigner la montagne de Saint-Valery ou de Leuconaus, *montem Leuconauss;* puis, sur l'emplacement d'Abbeville, *Habellum villa.* Passons sur *Calvus mons*, étymologie du mont de Caubert ; ici l'accord du cas existe.

Page 92. M. Lefils désigne ainsi l'étymologie du nom du hameau de Cantercine : *cantum*, chant, *raina*, grenouille.

M. Lefils, cherchant quelque part l'étymologie de *Malicorne* (*Mélanges, récits, anecdotes, etc., p.* 166), trouve *malum* et *cornu* qu'il traduit par sommet d'une montagne, cap, promontoire.

M. Lefils s'avise quelquefois de créer du latin, d'inventer des étymologies. Ainsi pour Abbeville, la ville du hable suivant lui, ou

ruines. » Tous ces faits et ces détails auraient bien besoin d'être appuyés sur des preuves.

De même pour quelques-uns des faits que M. Lefils fait suivre.

XI

Page 59 : « ..... les passions barbares du Franc et du Vandale..... » Est-ce que les Vandales vinrent jamais à Rue ?

Ableville, il écrira, non pas comme un élève des septièmes classes, *Habelli civitas* ou plutôt *Habelli villa*, mais *Habellum civitas*.

Pour M. Lefils, *altus* veut dire hauteur : « Je crois plutôt que ce nom (Ault) lui vient d'*altus*, hauteur. » — *Mélanges*, p. 265. — Il tient à ce substantif : « Authie, dit-il plus loin, ne viendrait-il pas d'*altus*, hauteur? » — *Ibid*, p. 334. — Et confondant un peu plus loin encore le sens d'*altus* et d'*altare*, *altaria*, il ajoute comme justification du sens d'*altus* attribué étymologiquement au bourg d'Ault et à la rivière de l'Authie : « Un village du Ponthieu, nommé Autheux, est latinisé par dom Grenier sous le nom d'*Altaria*. » — *Ibid*, p. 345. — M. Lefils a trouvé cette étymologie d'Autheux ou plutôt de Zoteux dans mes Notices sur le canton de Moyenneville (1). Seulement je n'ai pas dit que dom Grenier eût latinisé ; dom Grenier ne latinise jamais, il fait des extraits ; et l'étymologie n'est pas même ici du bénédictin, mais de M. Dargnies de Fresnes : « L'étymologie de ce mot est *Altaria* ou *ad Altaria*, comme si nous disions aux Autheux, etc. » — *Saint-Valery et les cantons voisins*, t. II, p. 73.

Je ne m'aventure pas ; que M. Lefils, pour me confondre, s'engage à traduire seulement une charte quelconque devant quelques personnes juges du point.

Toutes ces remarques ont encore une raison d'être ici, car enfin M. Lefils a trouvé quelque part les citations qu'il corrige si mal dans ses livres.

(1) En publication dans *l'Abbevillois* pendant que M. Lefils écrivait ses *Mélanges*, et réunies depuis en un volume. T. II de SAINT-VALERY ET LES CANTONS VOISINS, voyez p. 49 et 73.

XII

Page 73 : « Le pape Alexandre III ajouta à ces propriétés de la sainte statuette..... » Statuette ; ce Christ miraculeux était plus grand que nature : *en la même grandeur, grosseur et linéation qu'il* (J.-C.) *avoit en croix,* dit le mémoire cité par nous.

XIII

Page 78 : « Les seigneurs du Ponthieu y passaient (au château du Gard-lès-Rue) la belle saison. » Nous ne sommes pas si bien renseignés. M. Lefils se plaît sans doute à transporter au xiie siècle les habitudes de villégiature du xixe.

XIV

Page 80 : « Un jour qu'il se trouvait à Montreuil... » Est-ce bien sûr ?

XV

Page 84 : « Pierre Lhermite prêcha... à Rue. » Qui le dit ?

XVI

Page 98 : « ..... Guy Ier octroya dès 1170 aux habitants.... » Voyez notre *Canton* (1), p. 39 ; mais passons.

---

(1) Quand j'écris abbréviativement notre canton, il est clair que je cite toujours le tome II des *Notices sur l'arrondissement d'Abbeville*. Ce tome a reçu, cette année 1860, une sorte de nouvelle publication sous le nouveau titre : LE CANTON DE RUE, HISTOIRE DE SEIZE COMMUNES ; mais, à part les titres et la demi-feuille des avertissements, c'est toujours — texte, composition et papier — le volume sorti en 1856 de l'imprimerie de M. Jeunet.

XVII

Page 101 : « Elle est remarquable, dit M. Louandre, en ce sens qu'elle (la charte du Marquenterre) est accordée non pas à une ville..... » J'avais emprunté aussi cette remarque à M. Louandre. Voyez mes NOTICES SUR L'ARRONDISSEMENT, t. II, p. 7. — La charte que M. Lefils donne en note avec cette seule indication : « Cartulaire en parchemin du comté de Ponthieu, au bureau des finances d'Amiens, » se trouve dans mes NOTICES et a été extraite par moi, comme je le dis, de dom Grenier, paquet 9, art. 3, B.—Voyez NOTICES SUR L'ARRONDISSEMENT, t. II, p. 7 et 8.

XVIII

Même page. Arrêtons-nous encore sur cette charte de Jean de Neele. M. Lefils me semble avoir changé un peu arbitrairement, dans cette citation, *Mareskienne terre* contre *Mareskineterre*, pour donner satisfaction à la forme du nom qu'il présente plus haut; il a aussi sauté par-dessus quelques-unes des bornes de la première banlieue du Marquenterre : *duskes a le banlieue de Rue, duskes au fief de Vilers.....*

XIX

Page 111 : « C'est, dit dom Grenier, en 1349 que fut faite le grand cloke de communité lequel est du pesant de 400 livres, et l'autre qui par devant paroit estre ne pesoit que vingt-cinq livres moins. Jean Raoul étoit mayeur. » Je repousse loin le soupçon que M. Lefils n'ait pas trouvé cette indication dans le paquet 4, art. 9 de dom Grenier; pour moi, j'ai trouvé dans le paquet

14, art. 9, une date et un poids un peu différents : c'est aussi en cette année (1320) que « fut faite le grand cloke de communité, lequele est du pesant de quarante cents (4,000 livres), et l'autre qui par devant paroit estre ne pesoit que vingt-cinq cents vingt-cinq lib. moins. » Voyez mes NOTICES, p. 49. Jean Raoul était en effet maïeur lorsque cette cloche fut faite, ainsi que je le répète (p 84) dans une note qui confirme celle ci-dessus, mais Jean Raoul était bien le maïeur de 1320.

XX

Page 115 : « M. Prarond, dit M. Lefils, qui a compulsé avec une patience admirable les notes si souvent indéchiffrables du laborieux bénédictin..... » Merci du compliment; mais les notes de dom Grenier sont, au contraire, très-rarement indéchiffrables, ainsi qu'a pu le remarquer M. Lefils s'il a quelque peu feuilleté la collection sur la Picardie. *Laborieux* me paraît une épithète maigre pour l'homme qui personnifie cette collection.

XXI

Même page : « les enseigneurs. » J'avais manifesté quelque hésitation sur le sens de ce mot (p. 27); M. Lefils a vite fait par une explication du genre héroïque : « Les enseigneurs, pris dans chaque corporation de métier, dit-il, étaient ainsi nommés parce que dans les combats, ils portaient les enseignes de la commune. » Trompettes, sonnez la charge du sire de Framboisy. Les enseigneurs n'étaient-ils pas plutôt les hommes chargés d'enregistrer, de poser des sceaux sur des actes, *insigniatores ?* Je hasarde cette dernière hypothèse sous beaucoup de réserves.

XXII

Page 117 : ..... Jean Raoul, mayeur, « accorde aux maire, échevins et communauté de Mayoc des lettres de non préjudice..... » M. Lefils renvoie, sur ce passage, aux notes manuscrites de M. Devérité ; je ne connais pas ces notes ; je puis cependant renvoyer à mes Notices, p. 84, où on trouvera textuellement le même passage.

XXIII

Page 119 : « On fait savoir au vicomte..... » Je ne réclame pas pour ce long passage, que M. Lefils cite comme un extrait pur de dom Grenier, en me nommant cependant comme transcripteur. J'avais du reste cité à peu près textuellement dom Grenier, ainsi que l'établissent ces mots qui précèdent le récit : « Je raconte à peu près comme je lis. » Voyez p. 30 de mes Notices.

Tous les cas de condamnations que rappelle ensuite M. Lefils sont rapportés dans mes Notices, coïncidence dont je ne me plaindrais nullement — M. Lefils ayant, certes, pu trouver ces faits comme moi — si je ne reconnaissais tout-à-fait textuellement mes propres expressions, mes propres phrases, et la même manière d'exposition dans le livre de M. Lefils et dans le mien. Ainsi pour les trois sorcières, ainsi pour le berger convaincu d'avoir violé une bergère, etc. Seulement je n'ai pas dit qu'en 1624 un homme fut banni pour avoir blessé Guillaume de Boufflers ; j'ai écrit 1424.

XXIV

Page 123 : « Lorsque le comte de Ponthieu faisait la guerre au comte de Boulogne, les bouchers de Rue gardaient pendant deux jours et une nuit les bêtes à cornes qu'il avait prises dans ses expéditions. » J'ai cité aussi ce droit des comtes de Ponthieu : *carnifices per duos dies et unam noctem prædam meam servabunt*, — NOTICES, p. 40, — mais je ne sais pas s'il s'agissait des guerres contre le comte de Boulogne; je me garderai bien d'être aussi précis. Ne précise-t-on pas un peu trop aussi sur un autre point en traduisant *prædam* par bêtes à cornes? Il est vrai que la charte dit un peu plus loin : *si bestiam perdent*.....

XXV

Page 124 : « Vers la fin du xive siècle, dit M. Louandre,..... » J'ai cité aussi ce passage (p. 55), mais M. Lefils eut bien dû, par égard pour M. Louandre, envelopper sa citation de guillemets ; l'absence de cette précaution peut faire attribuer à M. Lefils la rédaction de M. Louandre.

XXVI

Même page. M. Lefils néglige moins d'ailleurs l'indication des sources plus lointaines ; ainsi mes yeux, en parcourant mon propre livre, rencontrent aux pages 33 et 34 (chap. *législation, usages*) l'indication *dom Grenier, paquet 14, art. 9*; et voyez aussi l'exactitude chez M. Lefils! je retrouve textuellement dans son livre (p. 124 et 125) avec cette indication : *dom Grenier, paquet 14, art. 9*, quatre paragraphes qui, sauf quelques mots en tête du second, reproduisent exactement ma rédaction.

XXVII

Page 129 : « Tout ce qui était de sa pairie..... Tous les habitants de Villers avaient franchise à Rue..... » Voyez mes NOTICES, p. 248.

XXVIII

Page 132 : « ..... Richard, évêque d'Amiens, ayant entendu dire et vu..... » Textuellement dans mes Notices, p. 42; seulement j'indique comme autorité *dom Grenier, paquet 4, art. 5,* et non l'article 9.

XXIX

Page 132 : « Le curé de l'église Saint-Wulphy dîmait seul..... » Cette page et les deux qui suivent sont presque entièrement et textuellement empruntées, sauf quelques transpositions que des ciseaux se chargent facilement de faire, à un mémoire copié par M. Alexandre Mesnière que nous avons nommé nous-même (p. 392, notes du tome II des *Notices sur l'arrondissement).* Mais pourquoi M. Lefils ne nomme-t-il pas au moins le ms. de M. Mesnière? Je dis de M. Mesnière, parce que M. Lefils a eu ce ms. entre les mains; mais s'il a trouvé le mémoire ailleurs, que ne le dit-il?

XXX

Page 134. Sur le château du Gard. Voyez mes Notices, p. 43 et 122, mais je n'insiste pas.

XXXI

Page 140 : « Tous les bas champs inondés à la réserve des foraines..... » M. Lefils vient enfin de citer le ms. de M. Mesnière; il était bien temps. Voyez, pour la citation exacte, mes Notices, p. 393, notes du tome II.

XXXII

Page 141 : « En 1257, Jeanne, reine de Castille..... » Voyez les *Notices sur l'arrondissement,* p. 222.

XXXIII

Même page : « En 1266, Jean de Nesle..... » M. Lefils se répète cette fois. Nous renverrons cependant à la remarque faite plus haut à l'occasion des limites de la banlieue du Marquenterre, et voyez toujours dans notre *Canton,* p. 7.

XXXIV

Page 142 : « Quelques jugements rendus en 1279....." » Le fait et la réflexion sont dans mes NOTICES, p. 82, magistrature de Wibert de Machiel.

XXXV

Page 143 : « Les chroniqueurs du temps..... » Je voudrais bien savoir quels étaient les chroniqueurs de l'an 1210 indiqué plus haut, ou même de l'an 1237 indiqué plus bas ; à moins que je ne doive me ranger moi-même parmi ces chroniqueurs du xiiie siècle. Voyez en effet dans le tome Ier de mes NOTICES, p. 188, chapitre d'Épagne, quelques extraits d'un *mémoire abrégé* sur les droits de l'abbaye d'Épagne. La transformation de redevance relatée des deux côtés me donne quelques droits peut-être à cette vanité.

XXXVI

Page 149. Les salines. Voyez tout notre petit chapitre des salines, p. 35, *Canton de Rue.*

XXXVII

Page 150 : « Dom Grenier prétend que les salines de Rue furent ruinées en l'an 1312, époque à laquelle le mayeur de Rue était Vibert Galant..... » J'ai moi-même donné cette indication avant M. Lefils, *Canton de Rue,* p. 37. Mais je profite de la présente occasion pour rectifier une erreur probable répétée par M. Lefils : Wibert Gaïant ou Galant ne fut maïeur qu'en 1314, et comme d'ailleurs dom Grenier donne aussi l'indication sous cette dernière date, il est plus convenable d'attribuer la note sur les salines à cette dernière année. Voyez mes NOTICES, p. 83.

XXXVIII

Page 151. La manufacture de draps à Rue. Voyez mes NOTICES, t. II, p. 49 et 84 ; mais je n'insiste pas.

XXXIX

Page 153. La maladrerie. Tout ce que dit M. Lefils de la condition des lépreux est en dehors de notre critique ; je ne reprendrai que ce qui regarde la léproserie de Rue. « Le comte de Ponthieu, dit M. Lefils, institua une de ces maisons à Rue vers la fin du XIe siècle. » Je ne sais ; j'ai seulement écrit que cette maison existait en 1198, ce qui n'établit que la fin du XIIe siècle.

XL

Page 164 : « Dom Grenier rapporte qu'en 1214.... » Voyez mes NOTICES, t. II, p. 43 et surtout p. 122. Pourquoi M. Lefils, qui corrige d'ailleurs convenablement une de mes phrases, écrit-il *capellum* pour *capellam ?*

XLI

Page 195 : « La place de Rue, qui ne s'était point rendue à l'invitation qui lui avait été faite, fut emportée d'assaut. » Où M. Lefils a-t-il vu cela ?

XLII

Page 201 : « Les Anglais se faisaient détester à Rue et partout où ils dominaient. » Qui dit cela ? Dans toutes ces guerres féodales et non nationales, les bourgeois s'inquiétaient peu d'appartenir au roi de France ou au roi d'Angleterre ; ils ne connaissaient que le comte de Ponthieu qui toujours, qu'il fût Anglais ou Français, maintenait et confirmait leurs priviléges. Ils eussent volontiers parlé comme les bourgeois d'Angers de Shakespeare : « Nous ouvrirons nos portes à qui prouvera son droit. » C'était bien l'esprit de la bourgeoisie, et Shakespeare est ici un historien. La question politique, comme on dirait aujourd'hui, agitait si peu les têtes et remuait si peu de tumulte, que jamais, après un changement de mains, on ne voit un privilége suspendu, un maïeur violemment remplacé : l'histoire de Ringois est la plus grosse bourde qui soit.

On peut objecter l'insurrection très-particulière de 1369 ; mais il faut dire que Formentin est le seul qui raconte avec tant de détails cette insurrection. Je ne suspecte pas sa bonne foi, mais il n'a pu écrire cet épisode que sur des mémoires probablement locaux perdus aujourd'hui, et qui assez vraisemblablement n'étaient que le roman du fait. Le fait certain, c'est que Charles V agit sur les villes du Ponthieu avec des forces très-suffisantes pour en prendre possession, et que ses lettres à la fois comminatoires et pleines de promesses forcèrent l'assentiment des bourgeois et brusquèrent la prudence communale. — Ainsi tombent, ou à peu près, bien des phrases aventurées de M Lefils : « Un siècle de domination anglaise n'avait pu faire oublier aux habitants du

Marquenterre qu'ils étaient Français » p. 207. « La ville de Rue gémissait toujours d'être en puissance de l'étranger » p. 215. Tant pis pour le sentiment national; mais, avant tout, il faut que l'histoire soit vraie.

XLIII

Page 203 : « La vedette de la tour des signaux..... »
« ..... des troupes sur les hauteurs d'Arry..... »
« ..... le tocsin de la tour résonne tout-à-coup..... »
« ... les Anglais sont dans la plaine de Cantercine... »
Tout cela est possible, mais quel heureux privilége de double vue rétrospective ! Bien difficiles seraient les lecteurs qui préféreraient à cette autorité du *voyant*, maître de tous les détails d'une action, un vulgaire témoignage écrit, avec date, noms d'auteur et d'éditeur, page du livre et autres mesquines précautions.

XLIV

Page 204 : « Le mayeur sorti de charge pourra être élu échevin et lieutenant du nouveau maire.... Surséance accordée à Rue pour le paiement d'une aide.... » Je ne renverrai pas sur ces points à mon histoire, p. 54 et 55, mais je demanderai l'explication du passage suivant : « Vers la même époque, le roi de France devait, en qualité de comte de Ponthieu, payer annuellement douze livres parisis aux seigneurs du Ponthieu, pour la pairie et terre de Rue que possédaient ces mêmes seigneurs. » Si M. Lefils eut copié textuellement dans mon histoire l'extrait guillemeté que j'ai donné de *l'Histoire d'Abbeville* de M. Louandre, on pourrait lire : « Vers la fin du xive siècle, le roi de France devait, en sa qualité de comte de Ponthieu, payer annuellement douze livres parisis aux seigneurs de Laviers, pour la pairie et terre de Rue que possédaient ces mêmes seigneurs..... » Le reste textuellement comme a continué de le prendre M. Lefils, à qui on doit d'autant mieux laisser le mérite de l'énigme proposée par lui qu'il paraît s'en montrer plus jaloux en n'en faisant partager la responsabilité à personne.

XLV

Page 217. M. Lefils sait que la garnison du Crotoy, battue près de Forêtmontiers, était plus faible que celle de Rue ; il sait que la poursuite s'acheva dans les marais de Favières. Je le veux bien, mais l'indication d'une autorité ne nuirait pas.

XLVI

Page 221. Une note extraite des *Archives générales du Nord* donne de l'intérêt à cette page ; mais les *Archives du Nord* sont une œuvre collective ; pourquoi M. Lefils ne nomme-t-il pas le savant à qui sont dus les documents ? Petite chicane d'ailleurs; pas un savant n'ignore que les noms de MM. Le Glay et de Melicoq sont inséparables de ces *Archives*.

XLVII

Page 223-224. Dans cette revue rapide de l'*Histoire de Rue,* je tiens à signaler aussi ce qui est louable. Les deux pages 223 et 224 renferment un excellent extrait des documents inédits pouvant servir à l'histoire de la Picardie pendant les guerres du xve siècle, par M. de la Fons-Melicocq, et M. Lefils nomme, comme il convient, M. de la Fons-Melicocq.

XLVIII

P. 228. M. Lefils cite dans cette page Sangnier d'Abrancourt; les mss. de Sangnier d'Abrancourt sont rares; je ne nie pas que M. Lefils ait consulté un de ces mss., mais je puis rappeler que j'ai cité Sangnier d'Abrancourt exactement sur les mêmes points dans mon *Canton de Rue,* page 58.

XLIX

Pages 228 et 229. M. Lefils donne dans ces pages les noms, avec quelques détails historiques, de quelques gouverneurs de Rue. Il faut rendre à M. Lefils ce qui lui est dû pour ces indications qu'il a rapportées le premier à l'histoire de Rue et qui intéressent le gouvernement de cette ville.

L

Page 230 : « M. Prarond signale qu'en 1448 des réparations furent faites à cette tour : « En cette année fut le beffroi de Rue remis sur nouveaux sols et tout recouvert de neuf. » J'ai signalé en effet « des réparations importantes au beffroi de Rue en 1448. » La citation que guillemette M. Lefils ne m'appartient pas ; je remercie M. Lefils de la confirmation apportée au fait avancé par moi ; mais ne voulant rien m'approprier, je remets à M. Lefils la charge de rendre la désignation à qui de droit.

LI

Page 230. Suivant M. Lefils, le Crotoy ne fut pris aux Anglais, par le duc de Bourgogne, qu'en 1454; erreur de M. Lefils. Les Anglais capitulèrent en 1450.—*M. Louandre,* t. I, p. 363.—Je tiens à maintenir cette date avec le nom de M. Louandre qui la donne, parce que M. Dusevel, obéissant à quelque erreur des yeux, reprocha un jour à M. Louandre d'avoir placé cette capitulation en 1452.

LII

Page 235 : « Il paraît, d'après M. Louandre, qu'il (Louis XI) y fit un assez long séjour. Il allait courir le cerf et le sanglier dans la forêt de Crécy. » M. Louandre ne parle pas du séjour de Louis XI à Rue, mais à Nouvion, où le roi s'arrêta longtemps pour chasser dans la forêt, mais surtout sans doute pour faire acte de tous ses droits seigneuriaux en les exerçant dans une forêt qui était domaine du comte de Ponthieu.

LIII

Page 237 : « En 1469, d'après les notes de M. Prarond, Guillaume Bournel fut nommé capitaine de Rue. » Entendons-nous ; j'ai dit qu'on trouvait à cette date Guillaume Bournel, capitaine de Rue ; je n'ai pas dit qu'il fut nommé en cette année. Je réclame, dans le doute, pour qu'on ne me jette pas, de beaucoup d'erreurs dont je puis être coupable, dans beaucoup d'autres dont je me suis garé de mon mieux.

LIV

Page 238 : « Les habitants de Rue et le Crotoy s'étaient rendus à l'autorité qu'ils considéraient comme la plus légitime. Le duc de Bourgogne, furieux, exerça de terribles représailles sur le pays..... » Il y a bien quelque arrangement dans tout cela, mais je n'ai pas strictement à y voir au point de vue de cette critique.

LV

Même page : « Il me semble que pour parvenir à rompre.... » Pourquoi M. Lefils, qui écrit évidemment avec le livre de M. Louandre sous les yeux, ne dit-il pas qu'il a trouvé cette citation dans l'*Histoire d'Abbeville,* t. I, p. 385?

LVI

Page 239 : « Les habitants de Rue surtout s'empressèrent de prêter serment..... » Je remarque que M. Lefils vient de copier à peu près textuellement plusieurs phrases de M. Louandre, *Hist. d'Abbeville,* t. I, p. 388. Mais qui a appris à M. Lefils l'empressement particulier des habitants de Rue et les réjouissances faites par eux?

LVII

Page 240. Où M. Lefils a-t-il vu que le duc de Bourgogne avait violé les priviléges de Rue? Pour la confirmation qu'il rapporte de ces priviléges par Louis XI en 1476, voyez mes Notices, p. 60. En renvoyant au t. XVIII des *Ordonnances,* j'ai indiqué la page 238; M. Lefils donne la page 258. Pour quelques ordonnances qui suivent, M. Lefils veut bien renvoyer à mes Notices, p. 61.

LVIII

Page 241 : « En 1480, Louis XI rend à Rue la déclaration contre les grâces expectatives. » J'ai dit, moi, en 1464. — Notices, p. 59. — 1464 (10 septembre) est la date exacte, et cependant M. Lefils a trouvé moyen de m'emprunter encore l'erreur que je relève, car moi aussi, hélas! par un autre *lapsus calami* (je ne veux pas invoquer ici les fautes typographiques), j'ai disposé pour la critique les quatre chiffres de la date de M. Lefils et dans un ordre plus bizarre encore : **1840**! — Notices, *notes du t.* II, *p.* 389. — J'aime à devancer ainsi en quelques points mon *erratum* général.

LIX

Même page. Lettres de donation de Louis XI à l'église de Rue. Pourquoi M. Lefils ne dit-il pas qu'il a pris ces lettres, comme nous en avions pris l'indication, dans l'*Histoire ecclésiastique* du P. Ignace, p. 422?

LX

Page 247. Les foires. Voyez mes Notices, p. 63.

LXI

Page 251 : « Dom Grenier prétend qu'elle fut fondée en 1440 par Élisabeth de Portugal..... » Au contraire, la note de dom Grenier — celle du moins que nous avons rencontrée — nous donnait la date de 1548, avec le nom d'Isabelle de Portugal. (J'ai, il est vrai, rétabli dans mes Notices cette date de 1440 en discutant dom Grenier; voyez p. 103; mais j'avais laissé subsister 1548 à la page 65). J'aurais d'ailleurs tort de me plaindre ici ; les appréciations de M. Lefils sur la date de la chapelle de Rue sont évidemment empruntées à M. Louandre qu'il ne nomme pas. Voyez *Hist. d'Abbev.*, t. II, p. 497.

LXII

Page 252 : « Tous les rois de cette façade, dit M. Raymond..... » C'est moi qui ai déterré — le mot est à peu près exact, je crois, — dans le *Journal d'agriculture et de commerce du département de la Somme*, n^{os} de février

1819, la lettre de M. Raymond, rédacteur de ce journal. M. Lefils ne cite d'ailleurs aucun extrait en dehors de ceux que j'ai faits; et, bien que la façon dont les extraits sont présentés par lui puisse faire croire qu'il les a choisis lui-même, on se convaincra qu'il ne les a trouvés que dans mon livre lorsqu'on voudra bien voir à quelle confusion ses ciseaux en sont arrivés et comment sa main s'égare entre les noms de MM. Garnier et Raymond.

Ainsi, trompé par quelque amphibologie d'exposition dont je suis coupable peut-être, M. Lefils attribue (p. 252, 253 et 254) à M. Garnier quelques-uns de mes extraits de M. Raymond; il ne s'aperçoit pas non plus que la division par groupes — sous la forme adoptée par moi du moins — m'appartient un peu, et il enveloppe le tout dans des guillemets, comme si la citation de M. Raymond (ou de M. Garnier selon lui) était pure et simple.

LXIII

Pages 154-155. Suite des emprunts : « La voûte construite en ogive..... » Le texte cité est ici enfin justement rendu à M. Garnier; je dois dire seulement que M. Lefils a ajouté quelques phrases au milieu de la citation (p. 155), phrases qu'il a, comme il le dit d'ailleurs lui-même, empruntées à M. Dusevel. Il ne m'appartient de rien revendiquer ici, sinon l'honneur d'avoir cité le premier M. Garnier. (Voyez mes NOTICES, p. 105 et 106). Il n'en résulte pas moins le soupçon assez fondé que M. Lefils n'a lu ni M. Garnier, ni M. Raymond.

LXIV

Page 260 : « En 1698, on y comptait douze religieuses..... » Faut-il que M. Lefils copie même les fautes typographiques de mon livre? « Elles étaient douze en 1698, » dit en effet ce malheureux livre (p. 113); or, c'est 1598 qu'il faudrait lire, date que j'ai donnée d'ailleurs fort heureusement à la page qui précède (112) d'après le P. Ignace.

LXV

Page 266 : « François Ier..... se fit construire une petite maison de chasse à Nouvion. » Où M. Lefils a-t-il trouvé cela?

LXVI

Page 272 : « Il atteignit l'avant-garde des impériaux au-dessus de Crécy. » Je ne nie pas; mais Fr. de Rabutin ne donne pas le lieu avec cette exactitude. M. Louandre, qui a raconté les mêmes faits *(Hist. d'Abbev.*, t. II, p. 35, 36 et 37), se garde bien d'être aussi explicite que M. Lefils.

LXVII

Page 283 : « Le duc d'Aumale, qui commandait les troupes royales, occupait Rue et bravait les efforts des ligueurs pour arracher le pays à la domination du roi. » Voilà une énigme d'histoire dont le mot mériterait la fondation d'un prix.

LXVIII

Même page : « Michel Loisel, qui était alors échevin..... » J'ai cité aussi d'après le ms. de M. Loisel, mais avec quelques réserves, ces détails qui me paraissent un peu apocryphes ou discutables. Dans tous les cas, je puis affirmer n'avoir point rencontré mention du fait dans les notes de dom Grenier, examinées de si près par moi. Pourquoi M. Lefils, qui cite avec tant de conscience d'ordinaire le tome, le paquet, l'article, la page de dom Grenier, que je trouve toujours ses indications concordantes aux miennes jusqu'aux virgules, nous renvoie-t-il tout court ici au *Livre rouge de Rue cité,* dit-il, *par dom Grenier ?* Je vois bien dans mes propres Notices (p. 66 et 67) que dom Grenier feuilleta le livre rouge de Rue, mais, je le répète, dom Grenier n'a rien extrait ici de ce que M. Lefils rapporte sous son nom.

LXIX

Même page : « La place de Rue appartint dès ce moment à la ligue, et la ville d'Amiens y envoya cent hommes de garnison avec M. de Rubempré pour gouverneur. » Je reconnais bien les cent hommes de garnison, je les retrouve dans mes Notices, p. 67 ; mais je voudrais vérifier pour le gouverneur. Je sais bien qu'un Rubempré, d'abord ligueur, ne devint royaliste qu'après avoir été fait prisonnier à Gournay; aussi je ne nie rien. L'erreur, s'il y a erreur, a pu être prise dans l'extrait du ms. de M. Loisel, mais j'avais guillemeté avec grande précaution cet extrait.

LXX

Page 284. Le service pour le duc de Guise. M. Lefils cite le registre aux délibérations de l'échevinage d'Amiens ; j'avais cité, d'après et avec dom Grenier, le livre rouge de Rue; les témoignages se contrôlent et se vérifient l'un par l'autre. Mais M. Lefils s'approprie, et presque sans déguiser les termes, quelques-unes même de mes remarques particulières : « Dom Grenier nous a sauvé, disais-je, quelques pages du livre rouge de Rue.

On peut y deviner parfois quelle fut, pendant la ligue, l'opinion du pays, opinion qui dut varier, du reste, avec les évènements, selon les phases de la guerre et sous la pression successive des deux partis. » — Notices, t. ii, p. 66-67. — M. Lefils trouve plus commode et assez expéditif de dire : « On ne peut trop savoir quelle était l'opinion des habitants de Rue proprement dits à l'égard de la ligue et de la réforme : ils devaient nécessairement subir la pression des partis qui les gouvernaient, et nous ne pouvons nous y arrêter. »

LXXI

Page 287. Hugueville de Rubempré. Il y a là une obscurité dont M. Lefils, qui me cite ostensiblement, n'est pas coupable. Quoi qu'il en soit, cette obscurité ne lui fait guères plus honneur qu'à moi. Pour comprendre l'extrait d'Hermant, il faut savoir que Claude de Bourbon-Rubempré, fils de Jacques bâtard de Bourbon-Vendôme, avait épousé en secondes noces (le 18 septembre 1560) Anne de Roncherolles, fille de Philippe, baron de Pont-Saint-Pierre, et que de ce mariage naquirent plusieurs enfants. C'est un des fils issus de ce mariage qui, d'abord ligueur, mais devenu royaliste après avoir été fait prisonnier à Gournay, s'était emparé de Rue qu'il occupait pour le roi. Le baron de Pont-Saint-Pierre, seigneur de Hugueville, gouverneur du Crotoy, était l'oncle de Rubempré, et avait pour fils (ou frère) Pierre de Roncherolles, appelé aussi de Hugueville, capitaine du château d'Abbeville. Il s'agit donc, dans la phrase énigmatique d'Hermant, d'un accord projeté entre les gouverneurs du Crotoy et de Rue pour mettre le Crotoy et Abbeville entre les mains du roi de Navarre. J'établirai plus strictement, dans mon *erratum* général, les qualités et le degré de parenté des deux Roncherolles.

LXXII.

Même page, en note : « Le 14 novembre de cette année..... » De quelle année? Voyez mes Notices, p. 70. Mais pourquoi cette note placée juste au-dessous d'un renvoi fautif à la page 70 du tome ii de M. Louandre, quand M. Louandre ne rapporte les faits qui motivent le renvoi qu'à la page 72 de son livre? C'est que M. Lefils a pris dans une page de mon livre l'extrait de M. Louandre, que cette page de mon livre est effectivement la page 70, et que M. Lefils, trouvant dans mon livre le transfert des élus du Ponthieu à Rue juste au-dessous d'un extrait de M. Louandre, a, par une distraction qui peut s'expliquer, pris la page de mon livre pour la page de M. Louandre ; minutieuses observations qui n'ont d'autre but toujours que de suivre dans tous les modes de l'application le procédé de M. Lefils.

LXXIII

Page 288. Prise de Saint-Valery par Rubempré. Pourquoi M. Lefils, qui a dû rencontrer ce fait, comme je l'ai rencontré moi-même, dans l'histoire de M. Louandre, ne cite-t-il pas cette histoire, t. ii, p. 75 ?

LXXIV

Même page : « Dom Grenier cite 1593 plusieurs siéges et prises de la ville de Rue..... » Je suis bien obligé de renvoyer à mon histoire, p. 70.

LXXV

Même page : « Henri IV vint à Abbeville, et il fit plusieurs chasses dans la forêt de Crécy. » Je sais bien et j'ai dit (canton de Crécy) que Henri IV vint plusieurs fois à Abbeville en 1596, et qu'il donna un assez grand nombre de chênes de la forêt de Crécy à l'échevinage d'Abbeville; mais je n'ai vu nulle part jusqu'ici qu'il ait chassé dans cette forêt.

LXXVI

Page 289. Sur la cession, par Henri IV, de la maladrerie de Lannoy. Nous avons déjà eu occasion plus haut dans ces notes de discuter sur cette cession à propos d'une date (note xxxix); il nous reste à relever un autre point : ce n'est pas aux religieuses de l'hospice de Rue, comme le dit M. Lefils, mais au couvent des sœurs de Saint-François que Henri IV remit les biens de la maladrerie.

LXXVII

Page 290 : « La paix de Vervins, en 1599..... » Ce n'était pas la peine de corriger, sur ce point, mon livre; la paix de Vervins fut signée le 2 mai 1598. M. Lefils nous donne, comme gouverneur de Rue antérieurement à cette date, Charles-Maximilien de Halwin ; je doute un peu que ce gouverneur, que j'ai nommé aussi (notes à la fin du volume), ait eu si tôt la charge qui rattache son nom à celui de Rue; je n'affirme rien cependant, Charles de Vendôme, seigneur de Rubempré, gouverneur de Rue, étant mort en 1595. — *Moreri.*

LXXVIII

Page 291. De ce fait que Jacques Delecourt, maieur en 1620, était encore maieur en 1632 (voyez mes Notices, p. 87), M. Lefils conclut « qu'il y eut une douzaine d'années de tranquillité. » Le fait prouve seulement que

Jacques Delecourt avait été réélu en 1632. M. Lefils ignorerait-il que les élections étaient annuelles ?

LXXIX

Page 293 : « Au mois de juillet 1635, le comte de Fleschin, etc..... » M. Lefils cite ici un assez long extrait de dom Grenier, paquet 14, art. 9, ou plutôt, comme je l'avais écrit moi-même, 14e *paquet, n° 9.* La preuve que les ciseaux de M. Lefils ont enlevé cet extrait de dom Grenier dans mon livre résulte du premier mot même, de ce nom de comte de Fleschin ; si M. Lefils eut pris l'extrait dans la collection même de la bibliothèque impériale, il eut lu, comme moi, le comte de Fressin. Fleschin n'est pas dans mon livre une faute d'impression, mais une erreur que j'ai commise en croyant faussement en corriger une autre. M. Lefils reproduit aveuglément la faute et la fait peser sur dom Grenier. L'emprunt ne saurait être plus naïvement trahi.

LXXX

Page 299. Affaire d'Agicourt. Je n'ai rien à dire sur ce chapitre, si ce n'est que les extraits des *Mémoires de Mme de Lafayette* se trouvent déjà dans mon histoire, p. 73 et suivantes ; seulement j'écris d'Augicourt et non d'Agicourt. M. Lefils a plus de hardiesse que moi ; il fait dialoguer Louis XIV. Je n'incrimine pas cette hardiesse, je la constate.

LXXXI

Page 305 : « D'après une note de M. Traullé, elle aurait été fortifiée en 1556. » Encore une note que M. Lefils (il se garde bien de citer les Notices sur l'arrondissement) n'a pu voir cependant que dans mon livre. Celles des notes manuscrites de M. Traullé qui ne sont pas dans mes mains, — je l'ai déjà dit (1), — sont dans celles de M. de Marsy qui voulut bien me les communiquer avant son départ d'Abbeville.

LXXXII

Même page : « Les plans que nous possédons de cette époque et qui sont assez communs. » M. Lefils vient de donner la date 1556. Je doute que les plans de cette date soient bien répandus. M. Lefils ne confond-il pas avec la vue de 1666 que j'ai citée ?

LXXXIII

Pages 305-306 : « L'ambassadeur Marc Barbaro..... d'Imfreville..... » Je ne renverrai pas sur ces extraits à mon histoire, p. 21, mais à l'histoire de M. Louandre, t. II, p. 339. M. Lefils a d'ailleurs consulté d'Imfreville.

LXXXIV

J'ai dit que je voulais apporter dans cette critique la plus grande impartialité ; je dois donc noter dans les pages 308, 309, 310, 311, d'assez longs détails que ni M. Louandre ni moi n'avons donnés sur la démolition des fortifications de Rue.

LXXXV

Page 314 : « Le Crotoy n'était « qu'une vaste étendue de terres *réchappées* à la mer. » Et M. Lefils nomme dom Grenier. Voyez mes Notices, p. 134.

(1) Avertissement d'août 1860.

LXXXVI

Pages 317-318. Tout ce qui regarde le moulin de Rue dans ces deux pages, y compris la petite note de la page 317, est extrait des Notices sur l'arrondissement, p. 127 et 128. Je dois dire que M. Lefils me cite à la suite d'un des paragraphes : E. Prarond, tom. 2. Mais pas un guillemet n'indique qu'il s'agit d'une citation textuelle ; pas une précaution ne montre où commence et où finit cette citation. Le seul changement fait par M. Lefils est que, selon lui, — et je ne veux pas me rendre garant du fait, — le moulin de Rue fut acquis en 1774 par le sieur de Lescarmontiers ; j'avais simplement écrit qu'à cette date 1774 le moulin de Rue *appartenait* au sieur Lescarmontier.

LXXXVII

Page 320 : « Nous avons vu que, dès 1210, il était question de dériver l'Authie au Crotoy. » Je ne sais et je doute. Des chartes du xiiie siècles (1277) établissent bien qu'il fut question un jour d'amener l'Authie à Rue, mais il n'est pas parlé du Crotoy dans ces chartes. L'Authie, dans ce projet, n'eut-elle pas plutôt suivi la Maie à travers la garenne de Tourmont ?

LXXXVIII

Page 323 : « En 1738, M. de Boulainvillers..... » Voyez mes Notices, p. 246 (chap. de Quend), et p. 401 (notes). Qu'on sache cependant que ce n'est pas moi qui ai dit : « M. de Châteauneuf les acquit ensuite ; » M. de Châteauneuf n'était que M. de Boulainvillers. Les mss. de M. Siffait, que M. Lefils a consultés dans mon livre, ne disent pas : « On y a bâti de loin en loin des digues, » mais : on y a bâti de loin en loin des fermes.

LXXXIX

Même page : « En 1784, la ferme de Châteauneuf appartenait pour trois cinquièmes..... » Pris encore, sans indications de source, dans mes NOTICES, p. 246.

XC

Page 325. Procès du comte d'Artois contre les communes du Marquenterre. Les expressions mêmes de M. Lefils dans cette page, ses phrases extraites de place en place de mes résumés, établissent bien qu'il a pris ce procès dans les pages 8, 9 10, etc. de mon *Canton de Rue*. M. Lefils se garde bien de souffler mot de l'emprunt. Est-ce la Révolution qui termina le procès? Je le crois et je l'ai dit, mais sur un ton moins affirmatif que M. Lefils.

XCI

Page 337. Malbrancq, que se plait à citer M. Lefils, n'est pas une autorité, tant s'en faut. Je vois ici la preuve que M. Lefils ne cite même pas toujours le premier ; il se sert des termes mêmes employés par moi (NOTICES SUR L'ARRONDISSEMENT, p. 101); et lorsque M. Dusevel complète l'indication par un nouvel extrait de Malbrancq, M. Lefils copie l'extrait latin à sa manière ordinaire : « *christus desumptus est è statu â*..... »

XCII

Page 338 : « Jusqu'à la Révolution..... Les archives de cette commune gardent encore un reçu de M. de Saint-Julien..... » Je crois bien que c'est moi qui ai trouvé ce reçu, parmi beaucoup d'autres d'ailleurs, dans les archives de Rue. Voyez mes NOTICES, t. II, notes, p. 392.

XCIII

Page 347 : « ..... On y célébra le culte jusqu'à la Révolution..... ». Voyez notes du tome II des NOTICES SUR L'ARRONDISSEMENT, p. 398. M. Lefils aurait pu, certes, voir le fait ailleurs ou invoquer sur ce point la mémoire des habitants, si, en me copiant mal, il ne faisait trois églises de deux. J'avais écrit : « Jusqu'à la Révolution, le culte fut célébré dans l'église de Saint Jean-des-Marais et même dans celle de Lannoy, l'ancienne maladrerie; » et M. Lefils écrit : « Les églises de Saint-Jean-des-Marais, de Lannoy et même de celle de la Maladrerie existaient encore dans le dernier siècle ; on célébra le culte, etc. » Je laisse de côté le *et même de celle.*

XCIV

Page 358. Liste des maïeurs. M. Lefils me nomme comme ayant donné cette liste d'après dom Grenier, mais ce qu'il ne dit pas, c'est que ce n'est qu'à grand'-peine que j'ai reconstruit cette liste (1). — J'avais dit en note, p. 381 : Simon Capet, sieur de la Chapelle, maïeur

---

(1) L'établissement de cette liste des maïeurs de Rue a été presque une création de notre part, tant il fallait d'attention et de patience pour détacher les noms des élus de toutes les notes diverses du paquet 14, art. 9 de dom Grenier. J'avais essayé d'expliquer cette difficulté en tête du petit chapitre des maïeurs (NOTICES SUR L'ARRONDISSEMENT, p. 81); vaine précaution ! M. Lefils croit et laisse croire que je n'ai eu qu'à copier. Je ne réclame pas ici un bien gros mérite, mais je ne veux pas cependant l'abandonner tout-à-fait.

vers l'an 1600. M. Lefils affirme qu'il avait cette qualité en 1600 ; je le veux bien.

XCV

Page 362 : « La seigneurie de Rue consistait..... » Voyez mes Notices, p. 19. Simple rapprochement.

XCVI

Page 373. Lettre de quatre religieuses aux officiers municipaux de Rue. Voyez mes Notices, p 396.

XCVII

Pages 373-374. Lettres des administrateurs du district d'Abbeville, datées des 1er et 2 décembre 1791, aux officiers municipaux de Rue. M. Lefils, qui donne ces lettres, cite les *archives de Rue*. Je ne veux pas dire que M. Lefils n'ait pas visité ces archives que j'ai classées en 1853 avec M. Achille Doudou, mais il me restera bien le mérite d'avoir choisi d'abord et copié le premier ces lettres au milieu de beaucoup d'autres pièces administratives. Voyez mes Notices, notes du tome II, p. 398. — Je retrouve un peu plus bas l'*iconoclaste* proconsul d'un extrait de M. Loisel. Voyez mes Notices, p. 96. Mais M. Lefils a eu en effet entre les mains le ms. de M. Loisel.

XCVIII

Page 376 : « M. Raymond, professeur de l'Université, a donné en 1849, dans le *Journal d'agriculture et du commerce,* une lettre dont nous extrayons les passages suivants. » Nous croyons avoir suffisamment prouvé plus haut (remarque LXIV, p. 22) que M. Lefils n'avait jamais vu l'article de M. Raymond que dans notre livre. Voyez les Notices sur l'Arrondissement, t. II, p. 93 et suivantes, où tout se trouve, même le n° du journal. Je ferai remarquer de plus ici que l'extrait fourni par M. Lefils commence et finit strictement aux mêmes mots que l'extrait donné par moi.

XCIX

Page 383. M. Lefils reproduit, à l'occasion de Vulfran Pocquet, l'extrait des *Fastes de la nation française* que nous avions déjà donné. Il n'y a pas de mal à cela; mais la preuve que ses ciseaux encore ont détaché l'extrait de notre propre livre, c'est l'indication de ces *Fastes* qu'il donne, non strictement après l'extrait, mais après une courte phrase retournée d'une remarque des Notices sur l'arrondissement : « Ce beau trait a fait le sujet d'une gravure des *Fastes de la nation.* » Une autre preuve est encore cette niaiserie, dont nous nous sommes rendu coupable nous-même, de donner, après le nom de l'auteur des *Fastes,* Ternisien d'Haudricourt, son adresse rue de Seine, 27.

C

Page 389. La seconde note de cette page est textuellement empruntée à la page 102 de mon livre.

CI

Page 390. M. Lefils me cite à cette page avec des guillemets en vedettes devant chaque ligne. Quel excès de zèle cette fois, cinq pages avant la fin du volume!

CII

Page 393. Prix des pâtures du Marquenterre. Voyez mes Notices, t. i, introduction, p. lxxxiv.

HISTOIRE DU CROTOY

I

Page 14. Opinion de M. Traullé sur une chaussée gagnant la mer au Crotoy et courant vers Rue et Montreuil. Où M. Lefils a-t-il trouvé cette opinion en dehors de mon livre (t. I, introduction, p. xxxviii)? Les notes invoquées par moi sont en la possession de M. de Marsy. En quel lieu M. Lever a-t-il émis à son tour un avis sur cette voie? Je n'ai point rencontré pour ma part cet avis de M. Lever, dont la correspondance avec M. Traullé est également entre les mains de M. de Marsy (1).

(1) Il est possible que d'autres personnes que M. de Marsy aient des lettres de M. Lever ; je n'ai pu invoquer que celles que possède M. de Marsy ; mais celles-là, j'en suis sûr, sont originales et ne peuvent être qu'entre les mains de M. de Marsy. Parmi toutes les citations de M. Lever faites par M. Lefils, je ne vois, pour tout dire (*Crotoy* à la page 280), qu'un extrait du cartulaire du Ponthieu (charte copiée, dit M. Lefils, par M. Lever en mars 1811), que je n'aie pas trouvé dans les documents de M. de Marsy et que je n'aie pas cité. Je ne réclame pas d'ailleurs pour les copies d'actes faites par M. Lever qui ont pu circuler ou être données par lui à diverses personnes, mais pour la correspondance de ce savant avec M. Traullé, et qui est entre les mains de M. de Marsy. Comment cette copie, que M. Lefils ne donne pas

M. Lefils, voyant très-fréquemment les deux noms Traullé et Lever alterner dans mes citations, ne s'est-il pas laissé aller à quelque confusion dans une trop grande précipitation de plume ?

II

Page 22 : « On trouve, dit M. Lefils, dans une vieille histoire manuscrite du Ponthieu dont parle dom Grenier, qu'une abbaye nommée *Monasterium cretense,* où l'abbé de Saint-Riquier exerçait des droits de suzeraineté, peut avoir été le Crotoy. » Et M. Lefils cite la *topographie* de dom Grenier, paquet 4, art. 3. J'ai bien en effet *(Canton de Rue,* p. 213) cité un extrait de dom Grenier sur l'hypothèse, insoutenable selon moi, d'une abbaye à Mayoc, avec cette indication du paquet 4, art. 3, mais je me suis bien gardé de nommer le paquet topographique qui n'est pas le 4e, mais le 24e dans la collection du bénédictin. Il y a bien quelques remarques d'ailleurs à faire sur la reproduction particulière de cet extrait par M. Lefils. Dom Grenier ne parle pas d'une histoire manuscrite du Ponthieu, mais discute l'opinion particulière du sieur Buteux, son correspondant probablement. On sait bien que l'abbaye de Saint-Riquier avait des droits à Mayoc, de grands droits si l'on veut suivant l'expression conservée par dom Grenier, mais de là à des droits de *suzeraineté,* il y a quelque distance

d'ailleurs comme empruntée à M. de Marsy, est-elle tombée entre les mains de M. Lefils ? Je ne me souviens pas de l'avoir rencontrée nulle part. On voit jusqu'où je pousse la bonne foi dans cet examen ; j'offre à M. Lefils un moyen, non de me confondre, mais d'établir qu'il eut entre les mains quelques pièces de M. Lever.

peut-être. Ici le mot, avec quelques prétentions à la littérature historique de Mme Cotin, ne rappelle-t-il pas le moyen-âge de zinc descendu des pendules de Molinchart aux porte-allumettes de pacotille? Faut-il voir survivre aux toques rebutées du roman l'érudition Malek-Adel?

> Qu'il avait de bon vin
> Le seigneur suzerain !
> Qu'il avait de bon vin !
> Buvons ce jus divin.

Voyez d'ailleurs, p. 145 du *Canton de Rue,* comment les droits de l'abbé étaient limités en 1177 et plus tard. Admettons cependant que nous n'ayons fait ici qu'une observation littéraire.

III

Page 43. A propos d'une querelle entre le comte de Ponthieu et le seigneur de Saint-Valery : « La date de cet incident, dit M. Lefils, que M. Traullé porte à l'année 1150, a donné lieu à une lettre écrite par M. le marquis Lever, en 1819, d'après laquelle il serait de beaucoup postérieur. Dom Grenier cite l'année 1174 qui, d'après certains indices, paraît être la plus vraisemblable. » Après avoir rapporté (*Canton de Rue,* p. 150) l'extrait de M. Traullé et la lettre de M. Lever (lettre originale en la possession de M. de Marsy et que ce savant m'avait généreusement confiée lorsque je préparais mon histoire), j'ajoutais en effet quelques remarques que M. Lefils s'approprie assez lestement, se contentant de rejeter en note dans l'appendice la lettre de M. Lever qu'il a la bonne foi d'ailleurs de donner à cette place comme citée déjà par moi. Si je me suis trompé à la suite de

M. Lever, tant pis pour moi, mais tant pis aussi pour M. Lefils.

IV

Page 48. M. Lefils copie textuellement, dans les trois quarts de cette page, la moitié de la page 165 du *Canton de Rue*. Le seul changement fait par lui consiste en quatorze mots que j'ai mis entre guillemets et qu'il écrit en *italiques;* tout le reste du résumé fait par moi est reproduit, virgule pour virgule, par M. Lefils, avec cette exactitude que mettent dans ces sortes d'extraits les paires de ciseaux. Il est vrai que M. Lefils jette en note au bout de l'extrait cette indication qui trahit toute sa manière : *Recueil des ordonnances et chambre des comptes* cités par M. Prarond. M. Lefils a pensé ne reprendre qu'un extrait pur et simple d'un recueil connu, et s'est cru, en conséquence, dispensé de l'obligation des guillemets.

V

Page 52. Le comte de Ponthieu vendit-il bien en 1170, à la ville de Rue, son droit de commune? Ce qui est seulement clair à peu près, n'est-ce pas que Rue, au contraire, jouissait de ce droit en 1170? (Voyez *Canton de Rue,* p. 40). Simple remarque.

VI

Même page. Où M. Lefils a-t-il vu que des lettres d'affranchissement furent données au Crotoy en 1177? Je ne connais qu'une charte de 1177 intéressant le Crotoy et Mayoc, et c'est une charte de compromis de Thibault, évêque d'Amiens. Même simple remarque d'ailleurs. Je ne veux pas insister ici. Les lecteurs patients pourraient cependant comparer les pages 52 et 53 de M. Lefils aux pages 187 et suiv. du t. 1er de M. Louandre, et aux pages 149, 152, 153, 157 et 210 du *Canton de Rue*.

VII

Page 53 : « Une contestation s'étant élevée entre l'abbé de Saint-Riquier et Jean de Ponthieu....... » Qu'on rapproche ces lignes de celles qui commencent au bas de la page 145 du *Canton de Rue*.

VIII

Page 60 : « Ce ne fut pas le dernier accord entre les comtes et les abbés, continue M. Prarond..... » Il serait difficile de s'expliquer ces lignes à la place où elles sont, sans la collaboration perfide et trop expéditive des ciseaux qui trompent si facilement la main qui s'y fie. Cette phrase est la suite naturelle de celle que nous venons de citer (note ci-dessus), et dont elle se trouve maintenant séparée dans le livre de M. Lefils par un intervalle de sept pages. Je n'ai pas à me plaindre d'ailleurs de la citation qui suit (p. 60 à 62), dont M. Lefils me laisse trop exclusivement le mérite, les pages reproduites par lui étant dues, ainsi que je l'avais établi dans mon livre, à des communications obligeantes de M. Louandre.—Voyez les Notices, p. 146 et 147.

IX

Page 71 : « C'était, disent les mémoires du temps (il s'agit du château du Crotoy), un donjon flanqué d'une grosse tour ronde aux quatre angles, etc..... » Quels sont ces mémoires du temps? Je ne connais pour ma part qu'une description de ce château par M. Louandre qui consulta plutôt, je pense, à cet égard, des souvenirs

non encore très-vieux, plutôt que des mémoires du xiv⁰
ou du xv⁰ siècle. (Voyez *Canton de Rue,* bas de la p. 159).

X

Page 74 : « Il débuta (1345) par la prise de quelques
villes du comté et par le siége du château du Crotoy
dont la garnison capitula. » Philippe de Valois confisqua
bien le Ponthieu en 1345, mais il faudrait vérifier ce
siége du Crotoy.

XI

Page 81 : « ..... Édouard II en avait fait construire
un en 1346. » Il faut sans doute lire 1340, mais il ne
s'agit là que d'une faute d'impression.

XII

Page 84. Impôt de dix gros de Flandres sur chaque
tonneau de vin abordant au Crotoy. Comparez avec ma
note de la page 160 du *Canton de Rue.* Mais la preuve
d'un emprunt n'est pas là absolument palpable. Les considérations que M. Lefils tire du fait sont d'ailleurs fort
médiocres ; l'impôt, selon ce que ma note me fait croire,
portait non sur le vin des habitants du Crotoy, mais sur
le vin des habitants d'Abbeville : c'était donc un droit
de *travers.* Cet impôt ne constituait pas un revenu pour
le roi, comme le pense M. Lefils, mais un revenu pour
les besoins mêmes de la ville, pour la réparation du
hâvre du Crotoy, une ressource communale comme le
revenu de tous les octrois concédés aux villes.

XIII

J'ai donné des preuves d'impartialité dans cet examen ; j'en veux donner d'autres encore ; ainsi :

Pages 87-88 : « En 1372 et aux environs... » M. Lefils

comble probablement une lacune de mon histoire. Il me complète aussi aux pages 93 et 94 de son histoire, à l'aide de preuves fournies par M. de Melicocq.

Page 98. A cette page, la citation que fait M. Lefils d'un extrait de M. de la Fons-Melicocq *(Archives de Péronne)* complète bien ce qu'on sait du Crotoy.

La page 100 tout entière ajoute à l'histoire du Crotoy quelques faits inconnus de moi et omis par moi. M. Traullé *(Abrégé des annales du commerce d'Abbeville)* place cependant sous la date 1423 un des faits que M. Lefils place en 1422.

Page 107. Je dois mentionner à cette page un extrait des *Mémoires de la Société des sciences de Lille,* qui complète évidemment mon histoire.

Page 109. Deux notes au bas de cette page seront à consulter par ceux qui écriront dorénavant l'histoire du Crotoy; l'une appartient à M. Dusevel, l'autre à M. Lefils.

Pages 123 et 124. Une note tirée par M. Dusevel des registres de l'échevinage d'Amiens et deux autres de M. de Melicocq, ajoutent un peu à ce qu'on savait déjà sur la prise du Crotoy en 1436. D'autres notes de MM. Dusevel et de Melicocq sont à consulter au bas des pages 126 et 128.

Pages 129, 130, 131, 132. M. Lefils donne d'assez longs et curieux détails sur le siége de 1449, seulement mentionné par nous. Les extraits cités de M. de Melicocq sont excellents.

Oh! l'agréable voie que celle de l'éloge! Mais revenons, et malgré nous, un peu en arrière.

XIV

Page 96 : « Aussi peu de jours après..... » M. Lefils, qui vient de copier dans mon histoire (p. 167) un passage guillemeté de M. Louandre sans se reporter sans doute à l'original, ne s'aperçoit pas qu'il dépasse la citation et continue à me copier en poussant toujours ses guillemets comme s'il taillait en plein texte de M. Louandre.

XV

Page 97. M. Lefils cite ici les notes de M. Traullé sous le titre de *Comptes de la ville d'Abbeville;* il a pris cette note évidemment dans mon livre ; s'il eut pris l'indication dans l'*Abrégé des annales du commerce d'Abbeville,* publié en 1819 par M. Traullé, il eut lu non *Registre aux comptes,* mais *Registre aux délibérations.* J'avais trouvé *Registre aux comptes* sur une note manuscrite de M. Traullé.

XVI

Page 110. M. Lefils cite encore M. Traullé et les *Comptes de la ville.* S'il n'eut consulté que les *Annales* imprimées en 1819, il n'eut lu pour indication en marge d'une note beaucoup plus incomplète que la note que j'ai consultée, que ces mots : *Titres de la ville.* Il est possible d'ailleurs que quelques-unes des notes, qu'une indication générale m'a fait prendre quelquefois pour des extraits des comptes, appartiennent aux délibérations. L'erreur que répète M. Lefils ne fait que prouver davantage ses emprunts à mes Notices sur l'arrondissement.

XVII

Page 136. M. Lefils ne paraît pas se douter que Philippe de Crèvecœur puisse être le même personnage que le seigneur des Querdes.

XVIII

Page 141. Ici commence le chapitre sur l'importance maritime du Crotoy. M. Lefils traite la question avec une science de longue main. J'ai déjà (préface du *Canton de Rue,* août 1860) reconnu le mérite de M. Lefils sur ces questions.

XIX

Page 149. Où M. Lefils a-t-il vu que « chaque jour était signalé par des escarmouches qui avaient lieu dans les campagnes voisines, depuis Noyelles jusqu'à Montreuil? » Il y a là exagération au moins dans l'expression, nous le craignons. Quand on marche avec des dates, il faut avoir le courage de renoncer au style. *Dura lex.*

XX

Page 160. M. Lefils ne confond-il pas, sous cette date 1587, l'occupation de la ville du Crotoy par les ligueurs, qui eut bien lieu en cette année, avec l'occupation du château qui ne leur fut rendu qu'en 1589 ? — Ne fait-il pas un peu étourdiment, à la page suivante, intervenir la femme du gouverneur d'Hucqueville pour un fait qui appartient à la femme du gouverneur de Belloy à la date même (1589) citée en dernier lieu et par M. Lefils lui-même cette fois (p. 161)? Je crains bien qu'ici M. Lefils n'ait pas marché suffisamment avec les dates.

XXI

Page 163. Le gouverneur de Rue n'avait pu toujours défendre cette ville contre la ligue. Du 23 avril 1593 au 20 octobre 1594, Rue avait été aux ligueurs.

XXII

Page 163. M. Lefils donne, sur la reddition du Crotoy au roi, ainsi que sur les réjouissances qui fêtèrent dans cette ville l'entrée du roi à Paris, quelques détails nouvaux pour nous; mais M. Lefils a oublié, là encore, d'indiquer ses sources.

XXIII

Page 165. Le résumé de l'ordonnance de 1636 est certainement pris dans mon livre, p. 182; mais laissons cela. — Même remarque, même page, pour un arrêt du 23 août 1641.

XXIV

Page 166. Ici commence le chapitre sur l'aspect physique du Crotoy. Il ne me coûte pas d'y reconnaître de grands mérites, et cependant il y aurait bien à reprendre un peu, ainsi que l'établissent quelques-unes des notes qui suivent.

XXV

Page 171 : « En traversant la Somme, etc... » Encore un extrait qui attendait dans les NOTICES SUR L'ARRONDISSEMENT, p. 131, la main de M. Lefils. Seulement ce n'est pas dom Grenier qui parle dans cet extrait, comme l'avance M. Lefils, mais un almanach du xviiie siècle dont les feuilles détachées sont collées sur les pages de la collection du bénédictin. Les bénédictins ne s'amusaient pas à faire tant de phrases. Lorsque des ciseaux rédigent, il est imprudent quelquefois à la plume de retrancher ou d'ajouter. Ainsi dom Grenier, simple collectionneur de documents, ne tombait pas dans l'erreur dont l'accuse un peu plus loin M. Lefils. Rien ne prouve donc non plus que le consciencieux bénédictin soit allé lui-même au Crotoy, comme l'avance M. Lefils toujours sur la foi de ces extraits d'almanachs. Je sais bien que M. Lefils a pu être induit en erreur par ma façon de présenter un peu plus loin (p. 133 et 134 du *Canton de Rue*) quelques extraits de la collection bénédictine; j'aurais voulu tendre un piége aux copistes que je n'aurais pu mieux faire. La collection de dom Grenier est pleine de mémoires et de notes de correspondants, d'extraits de livres, de renseignements recueillis de toutes mains ; je ne cite la plupart du temps que dom Grenier, le paquet, le n°, mais je me garde bien de dire que dom Grenier rédigea lui-même ces notes sur les lieux, *de visu*, et comme expression de son opinion particulière.

XXVI

Page 172. Vieilles rues. Voyez *le Canton de Rue*, p. 148.

XXVII

Même page. Cent vingt-six maisons. Voyez encore la p. 148 du *Canton de Rue*.

XXVIII

Page 173. Sables poussés par les vents d'Écosse. Voyez *le Canton de Rue*, p. 133, *in fine*.

XXIX

Page 179 : « Il ne reste que des masses informes de ses murs très-épais, etc..... » Description du château d'après la collection de dom Grenier. Voyez *le Canton de Rue*, p. 133.

XXX

Page 181. Les gouverneurs. Voir notre AVERTISSEMENT d'août 1860 (1). Les dates, les lacunes sont les mêmes; or, ces dates sont exactes, mais n'indiquent souvent qu'un point au milieu du gouvernement des officiers, non leur entrée en fonctions ou leur sortie. Je fais la faute d'écrire en 1470 de Querdes pour des Querdes; M. Lefils reproduit la faute. A la note concernant le baron de Hucqueville, il ajoute simplement : « qui soumit le Crotoy à la ligue. » Hucqueville commanda bien au Crotoy pour la ligue, mais il fut accusé de vouloir livrer la place aux troupes du roi en l'année même 1591 où M. Lefils assure qu'il soumit le Crotoy à l'union. Où M. Lefils a-t-il pris d'ailleurs cette date 1591, si ce n'est dans mon livre, au chapitre des GOUVERNEURS, puisque dans son livre il attribue, dès l'année 1589, à la femme de Hucqueville, un fait qui appartient à la femme du gouverneur Belloy? Voyez plus haut dans cet examen, remarque XX.

M. Lefils cite en 1648 Jacques de Monguyot, mais sans la prudente réserve que j'avais cru devoir faire.

XXXI

Page 183 : « La seigneurie du Crotoy appartenait... » Voyez le *Canton de Rue*, p. 145.

---

(1) La liste entière des gouverneurs du Crotoy, dressée à grand'peine par nous, est textuellement et avec les mêmes lacunes et les mêmes dates dans le livre de M. Lefils et dans celui que je présente de nouveau au public. Je tiens à rappeler ainsi que cette liste, incomplète d'ailleurs et difficilement établie, avait été donnée par moi avant la publication du livre de M. Lefils.— LE CANTON DE RUE, *avertissement de cette dernière présentation au public*, p. VI.

XXXII

Même page. La capitainerie. Voyez *le Canton de Rue*, p. 149. M. Lefils cite Piganiol de la Force, et Piganiol de la Force est bien connu; aussi n'aurais-je pas même la prétention d'avoir facilité le travail de M. Lefils sans toutes les présomptions qui ressortent de l'ensemble de ces remarques.

XXXIII

Page 187. Pourquoi la citation du mémoire de la collection de dom Grenier n'est-elle pas conforme à celle que je fais à la page 197 du *Canton de Rue ?* Les guillemets de M. Lefils seraient-ils des inadvertances typographiques? Je maintiens ma citation exacte.

XXXIV

Page 192 : « C'était l'église principale..... » Voyez *le Canton de Rue*, p. 134.

XXXV

Page 199. Avantages maritimes du Crotoy. Je dois laisser à M. Lefils tout le mérite de cette dissertation. M. Lefils a fait, depuis tant d'années, une étude si persévérante des courants de la Somme et des dispositions de la côte, qu'il n'avait qu'à résumer ses longues polémiques et ses diverses publications sur la matière pour écrire un très-instructif chapitre. — A la page 247, les luttes pour l'amélioration du port du Crotoy sont bien racontées par M. Lefils.

XXXVI

Page 215. Projet de canalisation. Même remarque. Voyez cependant, sur tout ce qui regarde le canal de la

Maie (p. 224 et suiv.), notre introduction au premier volume des Notices sur l'arrondissement, p. xviii, xix et xx, Canal de la Maie.

XXXVII

Page 271. La charte de Jean de Neele pour le moulin. Elle est déjà dans mon livre avec les mêmes retranchements strictement; la ponctuation établie par moi est celle scrupuleusement que je retrouve dans le livre de M. Lefils; M. Lefils cite scrupuleusement, comme moi, dom Grenier, paquet 9, art. 3 B. (Voyez *le Canton de Rue,* p. 206). Ces remarques sur la ponctuation même ont une valeur quand on considère avec quel laisser-aller M. Lefils corrige les épreuves de ses livres. Pour cette charte de Jean de Nesle, l'identité du texte est telle dans son livre et dans le mien (sauf une lettre), que pour qui a remarqué les négligences fréquentes de M. Lefils et pour qui sait combien peu sont ponctués d'ailleurs les extraits entassés dans la collection de dom Grenier, les coïncidences typographiques (il s'agit de vieux langage) deviennent de vrais miracles. Quelques-unes des présentes notes accusent trop bien la collaboration directe des ciseaux de M. Lefils avec les compositeurs de son imprimerie; je me tais ici.

XXXVIII

Page 275, appendice, note I. Cette note m'a déjà fourni une des remarques très-modérées du dernier avertissement au t. II des *Notices sur l'arrondissement* (sous la couverture nouvelle Canton de Rue). M. Lefils, disais-je, a coupé dans le volume des Notices sur

L'ARRONDISSEMENT les pages 137, 138, 139, 140 et 141 (1) pour en composer la note première de son appendice. Rien de mieux; mais je dois relever la distraction qui a fait oublier à M. Lefils d'indiquer au moins le chiffre des pages et le titre du livre mis à contribution par lui. M. Lefils nomme pour cet emprunt — et d'après moi et aux mêmes places — les *archives de la Société d'Émulation;* mais ces archives, faut-il donc le lui dire? ne m'ont pas donné textuellement, d'un bout à l'autre, ces pages qu'il enlève avec un sans-façon si dégagé. Il m'a fallu choisir, discuter, mettre en présence plusieurs mémoires, résumer les parties trop longues, extraire les parties les plus saillantes, établir une sorte de récit sur les dates successives de ces mémoires. Ce n'est que par un travail de rapprochement, de combinaison, d'abréviation et de critique que j'ai construit ces pages transportées intactes dans l'*Histoire du Crotoy.*

XXXIX

Page 278 : « La lettre du marquis Lever est citée par M. Prarond..... » Je le crois bien; elle ne pouvait l'être que par M. de Marsy ou par moi.

XL

Page 281. Les vers cités ici sur le Crotoy ne sont pas de M. Louandre, bibliothécaire et archiviste de la ville, mais de M. Charles Louandre, fils du bibliothécaire.

(1) Depuis la troisième ligne de la page 137 jusqu'à la vingt-quatrième de la page 141.

XLI

Pages 282, 283, 284, 285, 286, 287, 288, 289, 290, 291, 292, 293. — L'hôpital du Crotoy. — Ces pages sont extraites par M. Lefils d'un *Mémoire présenté (vers 1856) à l'Empereur par la commune du Crotoy, à l'effet d'obtenir le rappel de l'édit du Roi du 26 octobre 1734, qui a réuni à perpétuité les biens de l'ancien hôpital du Crotoy aux autres biens et revenus de l'hôpital général d'Abbeville.* Pourquoi M. Lefils ne dit-il rien de l'emprunt textuel commis dans ces nombreuses pages ?

Une première demande aux mêmes fins avait été faite par la commune du Crotoy le 8 février 1852 ; mais c'est dans le second mémoire que M. Lefils a pris les douze pages indiquées plus haut. Je ne relèverai qu'une erreur dans la copie de M. Lefils. Le mémoire de la commune du Crotoy disait : « Le canal de Bernay au Crotoy, exécuté il y a quatre-vingts ans, fut un immense bienfait pour cette contrée. » M. Lefils dit : « Le canal de Bernay au Crotoy, exécuté il y a vingt ans... » — Quand le plagiat d'ailleurs arrive à cette naïveté, il ne peut plus exciter de colère et devient digne de pardon.

XLII

Page 303. Évasion du duc de la Rochefoucault. « Cette anecdote, dit M. Lefils, a été publiée dans les notices de M. Prarond sur les indications de M. Bizet. » Je suis heureux de remercier ici M. Bizet. Lorsque je racontai pour la première fois cette anecdote en 1855 dans le *Pilote de la Somme,* j'ignorais qui m'avait fait passer ces indications, et je n'avais pu — contre mon habitude — remercier qu'un anonyme. (Voyez *le Canton de Rue*,

p. 183). Mais je dois remercier aussi M. l'abbé Souverain dont la lettre, citée par M. Lefils, m'avait été envoyée sans signature; j'ignorais alors de qui elle était et à qui elle avait été adressée (1), si bien que les quelques mots guillemetés comme caractéristiques dans mon livre, page 187, ont été légèrement changés par moi; ce sont cependant ces mots changés par moi et, hélas! guillemetés comme textuels, que M. Lefils cite à son tour (p. 306).

XLIII

Dans cette revue rapide et malgré moi trop longue des deux histoires de Rue et du Crotoy, j'ai surtout parlé pour moi, mais M. Louandre aurait à peu près autant de réclamations à faire (2).

---

(1) J'avais cru, et à tort, deviner alors qu'elle était de M. Delahaye, prêtre habitué au Crotoy et un des jeunes hommes dans le secret et complices de l'évasion de M. de la Rochefoucault.

(2) Depuis la publication de ces deux histoires de Rue et du Crotoy, M. Lefils a fait paraître une *Histoire de la ville de Montreuil et de son château;* je n'ai rien à reprendre, pour ma part, dans ce nouveau livre, mais j'engage le lecteur patient à comparer les pages suivantes de M. Lefils et de M. Louandre.

HISTOIRE DE MONTREUIL (M. Lefils).	HISTOIRE D'ABBEVILLE (M. Louandre).
Page 65	Tome Ier, page 112.
95	Tome Ier, page 118.

La tapisserie de Bayeux, longue note entièrement copiée dans l'histoire de M. Louandre.

Page 106	Tome II, p. 258, 259, 260, 261.

M. Lefils renvoie au *livre de la fourme ordinaire que ont fait tenir et maintenir messeigneurs les maire et échevins de la ville de Monsterœul l'an* 1485. M. Lefils sait-il bien l'histoire de ces pages qu'il copie dans l'histoire de M. Louandre ? A l'en croire, il les

Voilà donc les œuvres par lesquelles M. Lefils prétend servir la connaissance de l'histoire, les œuvres pour lesquelles il réclame avec cette assurance : « Je n'écris point pour briller et encore moins pour faire de la concurrence littéraire ; j'écris pour être utile. » Que l'on veuille indulgemment, et à part toute autre considéra-

aurait détachées lui-même du *livre de la fourme ;* mais ce livre de la fourme était rédigé en très-vieux langage. M. Ch. Henneguier, de Montreuil, envoya un extrait textuel dans la langue du temps à M. Louandre qui traduisit cet extrait en français moderne, et c'est la traduction de M. Louandre que M. Lefils donne naïvement comme l'extrait fait par lui dans le livre de la fourme.

Page 109 .... Tome II, page 133.
  110 .... Tome II, page 261.
  112 .... Tome II, page 298.
  125 .... Tome II, page 401.
  Ibid.............. Tome II, page 402.
  155 .... Tome Ier, page 261.

M. Lefils a pris peu de choses dans cette page, mais il a pris textuellement.

Page 211 .... Tome Ier, page 448.
  213 .... Tome Ier, page 449.
  Ibid.............. Tome Ier, page 410.
  249 .... Tome II, page 177.
  255 .... Tome II, page 182.
  260 .... Tome II, page 133.

M. Lefils cite ici (p. 260) à peu près textuellement M. Louandre, mais se permet de corriger un mot en soulignant la correction pour que personne n'en ignore sans doute.

Page 269 .... Tome II, page 334.

Note copiée. M. Lefils cite dom Ducrocq, mais copie M. Louandre qui avait rédigé différemment que dom Ducrocq.

Mais ce n'est pas seulement à M. Louandre, l'historien d'Abbeville, que les emprunts sont faits.

La longue note donnée par M. Lefils à la fin de son livre sous

tion, évaluer la dose des erreurs émises par M. Lefils, même sur des faits avérés, et celle des vérités nouvelles produites par lui ; je laisserai tirer les conclusions.

Et maintenant, je le répète une dernière fois, car je l'ai déjà dit assez ici et ailleurs, j'appelle de mes vœux sincères tous les travaux qui me compléteront ou me

l'indication note n° 2 et qui va de la page 315 à la page 321, est extraite entièrement du volume de la Société d'Émulation de 1836-1837, mais de telle façon qu'on peut croire qu'elle appartient en partie à M. Lefils lui-même, ainsi que les sous-notes très-nombreuses qui sont, comme l'extrait principal, de MM. Charles Louandre et Charles Labitte, auteurs de l'article mis à contribution. Je sais bien que M. Lefils renvoie vaguement et sans indication d'années aux *Mémoires de la Société d'Émulation* et qu'on peut là vérifier ce qui appartient aux auteurs ; mais pourquoi ne pas devancer ce travail (que peu de lecteurs peuvent faire) en nommant, soit à la page 105 déjà, soit au moins en tête du passage enlevé, les deux auteurs de l'*Essai sur le mouvement communal dans le comté de Ponthieu?* C'était bien le moins, quand on leur empruntait près de neuf pages de texte des Mémoires de la Société.

Et que de remarques encore, si nous ouvrons de nouveau le volume pour le feuilleter à d'autres points de vue !

Page 22. Recommanderons-nous les considérations de M. Lefils sur les druides?

Page 31. M. Lefils cite la « bibliothèque de Lille, manus. n° 16, f° 11, p. 35, » sans autre indication. Est-ce que M. Lefils a fouillé lui-même la bibliothèque de Lille ?

Page 191 : « Linguet, qui écrivait un siècle après » (après dom Grenier). En quel siècle M. Lefils croit-il donc que vivait dom Grenier ?

Page 219 : « Un homme de cette époque, qui illustra Montreuil par son savoir, Denis Lamblin.... » Jusqu'où les souvenirs du Palais-Royal et la notoriété du café Lamblin peuvent-ils mener? Soyez donc un des plus grands philologues de votre temps pour

rectifieront même avec le plus de sévérité, mais je ne me suis pas refusé le droit de percer à jour les emprunts mal avoués qui s'empareront de mes recherches pour les défigurer ou pour les dissimuler. Qu'on me discute, qu'on établisse irréfragablement mes erreurs, j'applaudirai toujours : un service aura été rendu à l'histoire ;

qu'on défigure ainsi outrageusement votre nom ! Si M. Lefils avait un peu des lents scrupules de Lambin, il n'eut pas rendu le savant victime d'une erreur qui n'est pas une faute d'impression, car le nom du cafetier célèbre est répété deux fois dans la même page.

Pages 228 et 257. De Cossette, gouverneur de Montreuil. Le gouvernement de Montreuil appartenait alors au duc d'Elbeuf ; de Cossette n'était que lieutenant du roi à la citadelle.

Page 239 : « M. Fourmentin (sic) rapporte qu'un jour s'étant postés en embuscade dans la forêt de Crécy, ils tuèrent ou ramenèrent prisonniers près de deux cents coureurs ennemis. » Je crois bien qu'il y a là un emprunt à mon *Canton de Crécy* (en publication dans le *Pilote* pendant que M. Lefils écrivait son histoire), mais passons. M. Lefils écrit tantôt Fourmentin, tantôt Fromentin ; c'est là un nom bien variable pour un auteur qu'on invoque, surtout quand le nom véritable est Formentin.

Le latin que semble comprendre M. Lefils est toujours le même.

Page 7. Où M. Lefils a-t-il vu que *Ponticus* voulut dire petite mer ?

Page 9 : « *Hominum est infinita multitudo.* »

Page 13. Qu'est-ce que c'est que le séjour de César sur le *Quentiam* ? Pourquoi cet accusatif ? Et pourquoi cet autre accusatif encore à propos des forêts qui « couvraient tout le pays, depuis le *Ponticum portum....* etc. »

Page 23 : « *Utuntur aut aeret, aut taleis ferreris ad certum pondus examinatis pro nummo.* Cf. César, liv. v, ch. xii. »

Page 62 : « *Occidit et amputatas manusipsius Rodomum transmissit.* » De quelle espèce est le mot *manusipsius*, et qu'est-ce que le prétérit *transmissit* ?

Page 89. Longue citation d'Hariulfe, dans laquelle je lis *uncta*

mais qu'on ne me passe pas sur le corps sans dire gare! qu'on ne déchire pas mes feuillets pour les jeter anonymes dans la hotte aux compilations expéditives.

J'offre donc le présent examen au public impartial et surtout à MM. les membres des sociétés savantes de la Picardie, juges en dernier ressort. Je me suis déjà détourné trop longtemps de mes travaux pacifiques ; contrairement à ma nature, j'ai rompu la règle de cette quiétude, ma clôture de moine et mon système pratique de vie ; mais l'effort que je me suis imposé ne m'a pas poussé, je crois, hors des justes mesures du débat engagé. Aux lecteurs qui m'accuseraient encore d'indulgence, je répondrais qu'une discussion dans laquelle on est soi-

---

pour *cuncta*, *atrex* pour *atrox*, *arcebat* pour *parcebat*, *arunculum* pour *avunculum*.

Page 93 : « *Haroldus navem conscendit ut normanniam peterat.* » Je comprendrais si je lisais *peteret*, mais *peterat* ?

Page 105 : « *Hominem liberum ant vavassorem.* »

Page 142 : « *Pro remedio animœ*, » traduit par : « Pour le rachat de son aîné. »

Nous nous abstenons de faire porter nos remarques sur la langue naturelle de l'auteur, mais quel échantillon de style historique cependant que cette page 87 ! « On se demandera encore : mais qu'est-ce donc que ce comté de Montreuil dont on *parler* (parle sans doute) toujours, pris séparément et que l'on *dit* existant antérieurement au comté de Ponthieu même ? On sait que des descendants des comtes de Ponthieu se sont *dits* en effet comtes de Montreuil seulement, témoin Hugues dont nous *parlons* ici ; mais, comme l'a *dit* Rumet, on ne *voit* pas Montreuil précisément érigé en comté, bien qu'en 1100 on *voit* encore deux comtes de Ponthieu prendre ce double titre de comtes de Montreuil. » Et M. Lefils s'est permis de corriger M. Louandre en soulignant les mots qu'il changeait (p. 260) !

même en cause interdit les termes d'une sévérité trop indignée; à ceux qui, par contre, me trouveraient trop peu clément, je répondrais par les exigences souvent obligatoires du mot de Martial : *impones plagiario pudorem.* Que M. Lefils, qui aime le latin, prouve, s'il lui convient et s'il le peut, qu'il y a exagération de justice dans mes remarques; j'attendrai silencieusement le jugement que porteront sur les points signalés, le public, les membres des société savantes et les historiens futurs de notre pays.

Abbeville, typ. P. Briez.

www.ingramcontent.com/pod-product-compliance
Lightning Source LLC
LaVergne TN
LVHW020959090426
835512LV00009B/1966